LETTER OF APPOINTMENT

日系・外資系一流企業の元人事マンです。

じつは入社時点であなたのキャリアパスはほぼ会社によって決められていますが、それでも幸せなビジネスライフの送り方を提案しましょう。

人事コンサルタント
新井健一

はじめに

本書は企業の人事部を批判するために執筆するものではない。

では何のためにこの本を書くか。筆者がこの本を執筆する動機はこんなことだ。

「企業とそこで働く社員が、人事システム（人事方針や人事制度、制度の運用をサポートする取り組み全般を意味する）という名のモンスターに服従を強いられ、内心「こんなはずじゃなかった」と感じながら、後もどりもできずに世代を超えて本人の望まぬ先へ運ばれてほしくない。一度の人生、個人の大切なキャリアを、血の通わぬ非情なモンスターに奪われてはならない」

ちなみに本書では、人事システムと人事制度をあえて分けて書いている。人事システムは、人事制度とその運用を主な要素としつつ、もともとその会社がもっている組織風土や会社への忠誠心を高める施策なども含めたより大きな概念だと考えてほしい。

だがシステムは強大だ。一度システムの運用にのってしまったら、システムはいつしかモンスターに化け、その振る舞いに抵抗することは相当にむずかしい。

では、どうすれば個人の大切なキャリアを自らの手に取り戻せるのか?

だったら、自分で起業するか、資格でも取って独立すればよいだろう、なんて安直な話しをする気はさらさらない。もちろん、企業に勤めながら、独立起業を目指すということも十分にあり得るし、それを否定するものでもないが。

本書は、あくまでも人事システムの運用下にある働き盛りの社員や就活者を読者として考えている。読者に届けたいのは、企業で働く多くの社員をある思想やルールのもと画一的に運用する人事システムの何たるかを知り、人事部が語る嘘と誠を聴きわける力を身に付けてほしい、ということだ。

ただ、冒頭にも触れたが誤解しないでほしい。

本書では、企業と社員をつなぐ人事システムの番人として人事部が度々登場するが、彼らを批判する意図は全くない。

じつは人事部で働く社員も、人事システムの運用下で働きながら、採用や労務管理、人事異動や昇格審査、はたまた退職勧奨に至るまで、単に自らの職責を忠実に全うしようとしているに過ぎないのだ。

そして多くの場合、人事部で働く社員といえども、人事システムの全容やシステムが社員に投げかけている真のメッセージをとらえてはいないのが実情だ。

だから人事部で働く社員にも、本書を手に取っていただけたら非常にうれしく思う。

筆者もかつては某財閥系メーカーの人事部に所属していた。

そしてそれから外資系のコンサルティング会社に転職し、人事コンサルタントになった。あのままメーカーの人事部に所属していたら、本書を書くこともなかったであろうし、本書で展開する問題意識をもつには至らなかったに違いない。

本書は、人事コンサルタントとして多くのクライアントの人事システムを傍から観察し、（よくも悪くも）企業側の立場で設計する機会に恵まれたからこそ書き進められた。

それでは各章に移る前に、本書の概略に触れておきたい。

雨の日も風の日も会社の〝人事〟を推進する人事システムは、その会社に属するすべての人材のキャリア方向性を指し示す案内役（ガイド）である。

また日常業務において果たすべき役割、能力開発課題等を浮き彫りにし、明示してくれるのも人事システムに他ならない。したがって、人事システムは自社の制度にとどまらず、**ビジネスパーソンであれば本来、誰もがその何たるかを教養としておさえておかなければ**

ならない必須の知識だと言える。

ただし、経営者や人事職などを除く一般的なビジネスパーソンが知りたい、または知らなければならない人事システム、人事制度は、情報システムの開発と同様に、制度を〝設計〟する側に求められる深い知識ではないはずだ。

本当に知りたい人事システムの知識は、国の年金制度などと同じように、

- **人事システムの全体像やカラクリはどうなっているのか？**
- **うちの会社の人事システムで自分の将来はどうなるのか？**
- **どうすればうちの会社の人事システムを利用できるのか？**

他にも、

- **会社の風土や体質は本当に自分の個性に合っているのか？**

・自分が出世する会社は人事システムから判別できるのか？

といった自分のキャリアや人生設計を考えるために〝活かせる〟、しかも多忙なビジネスパーソンにとっては〝必要最低限〟の知識であろう。

それでは、なぜ自らのキャリアや人生設計のために、人事システムを知る必要があるのか。今、世の中は先行きがますます見えなくなっており、それは国も大企業も中小企業も変わりがない。

そんな環境下で、自分のキャリアがこのままでいいのか、社内でも社外でも積極的に何か新しいことをやらなければ……、そう思っているビジネスパーソンは多いと思う。中には、副業や転職、またはおいしいビジネスを自分で立ち上げようと、ひそかに準備を進めている人もいるかもしれない。

しかしながら、目先の不安に翻弄され、やみくもに行動するだけでは自分のキャリアや、（特に日本企業においては）キャリアの延長線上にある人生を巧みにかじ取りしていくことはむずかしい。

実際、転職や起業でキャリアが好転するどころか、はたと気が付いたときには〝やっぱり辞めるんじゃなかった〟〝隣の芝生は青かった〟、なんてことも大いにあり得る。

またかろうじて転職や起業は思い止まったとしても、社内でやみくもに現状を打開しようとして、かえって泥沼にはまってしまい、今いる会社を飛び出して後悔するのと同じような後悔をすることになってしまっては目も当てられない。

ではどうすれば良いのか？

はっきり言おう。

まずは、（雇われる身であれば特に）どこでどう働こうと、自分のキャリアや人生設計に深くかかわる人事システムの何たるかを理解し、それから現に勤める会社の人事システム、人事制度を、分析的な視点でとらえ直す必要がある。

そして制度が中長期的に自分に求めるものと、自分の目指すキャリアや人生設計とのギャップを的確に把握し、対策を練れば良い。

なぜ、自分のキャリアや人生設計に人事システム、人事制度が深くかかわるのか？

それは人事システム、人事制度が少なくともひと世代を超えて、あなたをどこかに運ぼうとするものだからだ。

だが、このようなことは、おそらく今まで誰もあなたに教えてくれなかったことだ。

なぜか。

どの会社にも本音と建て前、また社内の目線と社外の目線がある。

会社に入社すれば、多くの場合人事部の担当者が自社の人事システム、人事制度について説明をしてくれるが、その制度があなたに投げかける真のメッセージ、個人のキャリアや人生設計に与える影響などを教えてくれることはまずない。

これは遠い将来年金の受給者となるため、今せっせと保険料をおさめている働く世代の国民に、この国の年金制度の行く末が語られないのと全く同じである。

そんな、知らなかったではすまされない身近な人事システム、人事制度があなたに迫る〝真実〟から、いつまで目を背けたままでいられるだろうか？

本書は、人事システムとシステムを構成する人事制度の真実を直視し、将来に向けた自分のキャリアや人生設計を他人やシステムにゆだねず、自ら切り開こうとする方にお勧めする。

本書では主に、人事コンサルタントとして業種、規模、国籍、官民問わず多くの企業・団体の人事制度改革やその後の教育に携わってきた経験から、ビジネスパーソンのキャリアや人生をけん引する〝システム〟としての人事制度の真実を、その制度下で日々働くビジネスパーソンの立場で解説したい。

本書を通じて、今後のキャリアや人生設計に悩む多くのビジネスパーソンが、人事システム、人事制度から読み取ることのできる会社人事の本音と建て前、制度が社員に対して発している〝真〟のメッセージや、会社が個人に求める〝真〟の人材像を的確にとらえ、新たな〝自分戦略〟を考える手がかりになれば幸いである。

株式会社アジア・ひと・しくみ研究所代表取締役　経営コンサルタント

新井　健一

CONTENTS

日系・外資系一流企業の元人事マンです。じつは入社時点で
あなたのキャリアパスはほぼ会社によって決められていますが、
それでも幸せなビジネスライフの送り方を提案しましょう。

CONTENTS

第1章　とどのつまり、人事制度とは何なのか？

第2章　あなたの会社に〝栄光への階段〟は何段あるのか？

第5章　なぜ、あなたはあれもこれも評価されねばならないのか？

第6章　成果主義って報酬に差を付けること？　そうでもあって、そうでもない

CONTENTS

装幀　コミュニケーションアーツ株式会社

図版　Leegajin

プロローグ

残念ですが、入社時点であなたのキャリアパスは決められています

誠に残念ですが、入社時点であなたのキャリアパスは決められています

ちょっと思い出してほしい。

あなたが今勤めている会社、もしくは就職を希望したが結果としてご縁のなかった会社の就職説明会を。

ほんの数年前のことだから容易に思い出せるという20代の読者もいれば、ずいぶん昔のことでもう忘れてしまったという30代以上の読者もいるはずだ。あるいは、あなたは企業の人事担当者として、就職説明会で自社の概要や魅力をプレゼンテーションしているかもしれない。

いずれにせよ、あなたが就職説明会に出向いた会社のパンフレットには、こんなことが書かれていたのではないか。また、将来あなたの先輩となるリクルーターや人事部の担当者は、就活生を前にして自分の会社のことをこんな風に言っていたのではないだろうか。

「あなたが成長できる職場です」
「仕事を通じて自己実現しよう」
「仕事を通じて夢を実現しよう」
「あなたは将来の幹部候補です」
「若いうちから仕事を任せます」
「あなたのがんばりに報います」
「風通しが良く働きやすい職場です」

さあどうだったか、という読者もいるかもしれないが、そうかといって入社しても「あなたが成長することはありません」とか「あなたは将来の幹部候補ではありません」とは口が裂けても言わないだろう。したがって、多くの就活生と同様に聞き心地のいい言葉を投げかけられていたはずである。

だが、ちょっと待ってほしい。

風通しの良い職場であなたは仕事を任せられ、がんばりに応じて報いてもらい、成長できているか、夢や自己を実現できているか。その後、幹部候補は幹部になれたのか。もしくは幹部になれそうか？

同じ企業に少なくとも3年以上勤めている読者の多くは、そうではない現実が脳裏をよぎったのではないだろうか。今となっては就職説明会のうたい文句が空々しく聞こえるかもしれない。

ここで、3年以上勤めている多くの読者と書いたが、〝3年以上〟には意味がある。

人事部が対応に苦慮する〝七五三〟という言葉をご存じだろうか。

これは企業に就職した新人が3年以内に離職してしまう現象を指しており、中学校を卒業して就職した社員の場合が7割前後、同じく高校卒業の場合が5割前後、大学卒業の場合が3割前後であることから七五三と言われている。

厚生労働省などの公表する統計データによれば、若者の離職は近年、ほぼこの割合で推移している。

3年以内ということは、新人の会社に対する貢献を金銭に置き換えた額よりも、採用や育成にかけた経費の方がはるかに大きい、ということに他ならない。入社後、即戦力としての働きぶりを期待されている活用重視のキャリア採用などとは異なり、育成重視の新入社員の場合は特にそうだ。企業や人事部は、この離職率の高さには頭を痛めている。

それでは、キャリア採用を重視すればよいではないか、という意見もあるかもしれない。だが、事はそう単純ではないのだ。確かに、即戦力としての働きぶりを期待されている活用重視のキャリア採用と書いたが、必ずしも期待どおりではないという話しを人事担当者からもよく聞く。

そうなのだ。これは逆説的な話しではあるが、「**たとえキャリア採用であっても、求職者のこれまでのキャリアや専門性を最重要視して採用すると失敗する**」と筆者は考えているし、キャリア採用に携わる人事担当者には、そうアドバイスしている。

なぜか。それは、キャリア社員が経験を積んできたのは、**あくまで他社において**だからである。

自社と他社とでは**組織風土**も違えば、社内の**パワーバランス**も違えば、**暗黙知**（経験や勘に基づく言葉にされていない知識）も違えば、**不文律**（明言・明文化されていない決まりや暗黙のルール）も違えば、**専門性の定義**すらも違う。そのため多くの場合、他社で培ったキャリアや専門性を引っ提げて、自社でいきなりでかい顔をされても扱いようがない、と考える方がじつは自然なのである。

そんな次第で、新卒採用がむずかしいからキャリア採用だという拙速な議論は避けねばならないし、それにキャリア社員が3年以内で辞めてしまったら、新人よりもなまじ給料が高いため企業の出費がかさみ、目も当てられない事態を招くことも明記しておく。

ちなみに筆者は、キャリア採用で重視するポイントを、コミュニケーション力だとあえて言っている。

そしてこの**コミュニケーション力は、社内を、まずは泳ぎ切り、さらに生き残るために**

も必須の能力である。この能力には、報連相の初歩的なスキルはもちろん、コーチングやカウンセリングのための特殊なコミュニケーション力、また大勢を前にしたスピーチ力なども含んでいる。これらは技術的に習得することのできる能力であるし、何よりコミュニケーションの巧拙は相手の印象に残るものだ。詳しくは後の章に譲るが、この能力の優劣はそのまま、社内においてあなたと他の社員の優劣になることも多い。

話しを新人に戻そう。

新人が3年以内に離職していく理由はいくつか考えられるが、その一つは明らかに採用時のミスマッチだろう。例えば、就職を希望した企業や職場の実情、実態を理解せずに入社してしまった場合は、入社後簡単に辞めてしまう。または希望した職種や部署で働けない、さらには採用時の能力試験や適性試験の解答能力と、職場における実務能力に乖離がある場合なども同様の結果を招くことになるだろう。

他にも**「風通しが良く働きやすい職場です」**はどこ吹く風、職場の先輩や上司のぞんざいな対応、指導不足やコミュニケーション不足が新人の離職を招く結果にもなり得る。

もしかしたら、隣に座る先輩や上司とほぼメールでしかコミュニケートしていない、そんな経験を今もしている読者もいるはずだ。

そしてさらに、教育や指導という大義名分の裏側には、陰湿なイジメが潜んでいることもあるのだ。〝ハラスメント〟という言葉は語られるが、それでも現場では、教育の名のもとにこんなことが起こっている。

・大卒の新人を他の多くの社員の目に晒しながら、いつまでも怒鳴り散らす高卒の上司
・新人が徹夜で作成した資料を、本人の目の前で破り捨て、ただゴミ箱に投げ込む上司

これらの上司が問題になったこともあった。

さらに「詰める」文化のある会社では、会議室などの密室で、文字どおり新人をネチネチと詰めることが常態化していた。筆者がコンサルタントとして受け取った無記名のアンケート調査結果にぞっとしたことを今でも思い出す。

ちなみに筆者は、そんなお粗末なコミュニケーションを解消し、新人の定着率を高めるべく、全管理職にコーチング研修を実施している会社を知っている。

実際、特にＩＴ企業などでは、コミュニケーション力を高めるため、管理職クラスを集めて研修を実施することも少なくないが、その会社はもっと徹底していた。

その会社では、管理職が新人から報告、連絡、相談を受ける際は、いかなる状況においても必ずＰＣから目を離し、椅子の角度を変え、新人と対面する姿勢で、アイコンタクトを交わしながら、コミュニケーションを図るようにマニュアルが作成され、徹底するためのトレーニングが重ねられているのだ。

長々と書いたが、おわかりいただけただろうか。

それほど、企業にとって新人の離職を防ぐということは重要な課題なのである。

その一方で人事部からこんな声が聞こえてくるかもしれない。

「自社や職場の実情、実態を赤裸々に語ってしまったら、就活生が引いてしまって採用活

動に支障が出る……」

実際、多くの企業では、新卒者の採用と入社後の育成、そのための職場環境の整備、OJTリーダーの養成等を行うのはそれぞれ別々の担当者であるため、新人の定着率を高めるための連携が取られていないこともよくある話しだ。

ちなみに、キャリア採用社員が退職しやすい時期も、入社後3カ月（全体の22％）と3年（全体の24％）で、それぞれに山がくるようである。また離職率そのものについても業界や個社別に異なり、これも新卒者と同様である。

＊エン人事のミカタ アンケート集計結果レポート 第7回 中途採用者の定着率について味方

いずれにせよ、入社3年以内にそれほど多くの新卒者が去っていくのであるから、新人の離職に危機感をもつ人事部であっても、入社説明会で就活者に訴えることと実態の溝を、まだまだ埋め切れていないと言えそうである。

しかしながら、だ。極端な言い方をすれば入社3年以内の新人は企業にとって、まだお客様に過ぎない。そして3年を経て、会社を去る者は去る。言い換えれば、企業にとって異質な者は消え、同質的な思考・行動をする人材が残るのだ。入社3年を過ぎると、もともと離職率の高い企業やブラック企業を除き、社員の離職率はぐっと下がる。

一つの企業に入社して3年が過ぎ、これから働き盛りとして会社を背負って立つ、もしくは現に会社を背負ってバリバリ働いている読者にあらためて問いたい。

風通しの良い職場であなたは仕事を任せられ、がんばりに応じて報いてもらい、成長できているか、夢や自己を実現できているか。その後、幹部候補は幹部になれたのか。もしくは幹部になれそうか？

いろいろな回答があるかと思うが、例えばこんな回答があったとする。

「癖のある上司だけど、仕事に支障のない程度にはコミュニケートできているし、結構仕事を任せてもらえていると思う。何年か前に人事制度が改定されてから、会社としてますます〝がんばり〟に応じて報いる方針に変わったはずだけど、今はまだ正直実感はないね。

これからなんじゃないの、〝がんばり〟に応じて差が付くのは。夢や自己実現？　どうだろうね。異動希望は出しているけど、叶うかどうかはわからないな。それに、上が詰まっているから幹部になれるかどうかもわからない……。でも、いいポジションにはいると思うよ。同期で昇格のスピードに差が付いてきたけど、自分は早いほうだしね」

あなたはこの回答についてどんな感想を抱くだろうか？

この回答者が勤める会社の社員は、みな概ね同じように考えているだろうか？　それとも全く違う見識をもつ社員もいるのだろうか？

いずれにせよ、筆者ならこう思う。

この回答は、あくまで回答者が属する会社組織の中でのみ成立する論理や基準で語られている。言い換えれば、社内の人事システムが定める標準的な運用の範囲でしか語られていない、ということである。

例えば筆者が回答者に対して、こんな質問をしたとする。

・任せてもらえている仕事の範囲は、対外的にキャリアとして認められ得るのか？

・〝がんばり〟とは何か？ そして〝がんばり〟に応じた処遇の程度は、回答者の人生設計にとって妥当な水準か、その水準が今後、どの程度改善する余地があるのか？

・結局、会社が言うところの成長、夢や自己実現とはどのようなものなのか？ 今後、どのようにすれば、成長したと言え、夢が叶い、自己実現されるのか？

・自分の昇格スピードは早いほうだと思う根拠は何か？ 対外的にも昇格スピードは早いと言えるか？

だが、回答者はこのような投げかけをされても、返答に窮することだろう。なぜなら、回答者は自社の人事システムが提示する標準的な運用と自らの比較でしか、優劣を知ることができないし、同じ人事システムが提示するキャリアパスしか知らないからである。そこには統計や他社を比較対象とした分析が何もないのだ。

最後にもう一度だけ。

あなたはかつて、以下のような言葉に魅力を感じてある企業に就職し、現在に至るはずだ。

「あなたが成長できる職場です」
「仕事を通じて自己実現しよう」
「仕事を通じて夢を実現しよう」
「あなたは将来の幹部候補です」
「若いうちから仕事を任せます」
「あなたのがんばりに報います」
「風通しが良く働きやすい職場です」

残念だが、入社時点であなたの成長も自己実現も夢も幹部候補になる可能性も、任される仕事の程度も、がんばりに報いてもらえる程度も、風通しが良く働きやすい職場であるかどうかも……、それらをキャリアパスという言葉で括るのであれば、それは**人事システムの仕様にのっとり、あらかじめ決められている**。

そんな風にあらかじめ決められたキャリアパスにおいて、社内を、まずは泳ぎ切り、さらに生き残り、そして勝ち残る方法はあるのか？

方法があるとは言い切れないが、**少なくとも手がかりは、ある**。

その手がかりを、読者であるあなたとともに見ていきたい。

第１章

とどのつまり、人事制度とは何なのか？

人事コンサルタントは一体、何を知り、そして何を考えているのか

人事コンサルタントはみな知っている。

ある会社の人事制度は、他の会社の人事制度とは全く違う、ということを。

ということは会社により、社員の成長や夢の実現、自己実現、幹部になれる可能性や幹部になるための要件、権限移譲の範囲や程度、〝がんばり〟の定義や〝がんばり〟への報い方、そして職場環境は異なるということになるが、実際にそうなのだ。

それでは、社員の成長や夢や自己実現が盛り込まれている人事制度とはどのようなものなのか？

本書で人事制度とは何か？　について明らかにする前に、一般的な人事制度がその運用に耐えうるために満たすべき条件についておさえておきたい。

それは２つの条件、すなわち制度としての　①妥当性　と　②信頼性　である。

①妥当性：システムのアウトプットが設計者の意図したものであること
②信頼性：同じ条件下であれば何度でも同じアウトプットが出てくること

まずは①妥当性について。
例えば企業として、最終的にこういう人材を輩出したいという構想があり、そのような構想を満たす人事制度を設計したとする。そして、実際に人事制度の運用を経て輩出された人材が構想のとおりであること、これが①妥当性を満たすということになる。

次に②信頼性について。
同じ条件で人事制度を運用すれば、構想どおりの人材が一過性ではなく、同じ品質で継続的に輩出されること、これが②信頼性を満たすということになる。

本書では、①妥当性、②信頼性を満たす人事制度を**「企業や組織がその方針にのっとり**

定めた条件のもとに、標準的な人材を継続的に、一貫して輩出すべく世代を超えて運用されるもの」と考える。

したがって企業により、人事に関する方針が異なれば、その方針を詳細設計した人事制度も全く異なるものになるというわけである。しかも、各社各様の人事制度は最終的に輩出すべき人材を標準と定め、標準におさまらない人材を標準におさまるように矯正するか、排除するように運用されるのである。しかも世代を超えて。

人事制度の変遷から見えてくるもの。働かないオジサンはいかにして産まれたか

では、人事制度がまずはどのように設計されていくかについて概観していく。

そもそも人事制度を設ける組織は、その目的が営利であろうとなかろうと外部環境からの影響を免れない。

例えば、自国の経済成長が著しく、その流れにのって自社も急成長している時代には、大量の人材を確保し、長期的に働いてもらう必要があった。また昨今の日本を取り巻く

環境のように自国の経済成長が停滞、グローバルな競争が激化し、自社の業績が不安定で将来が不透明な時代には、人材の採用をおさえ、自社の業績に直結する働きぶりを評価し、処遇に反映させる人事制度が必要となる。

そのような環境変化に対応し、人事制度の根本がどのように変化してきたかは、簡単な図で表すことができる。（下図「人事制度の変遷」）

・職務主義の時代：契約した仕事とその全うに対して処遇する（職務給）。

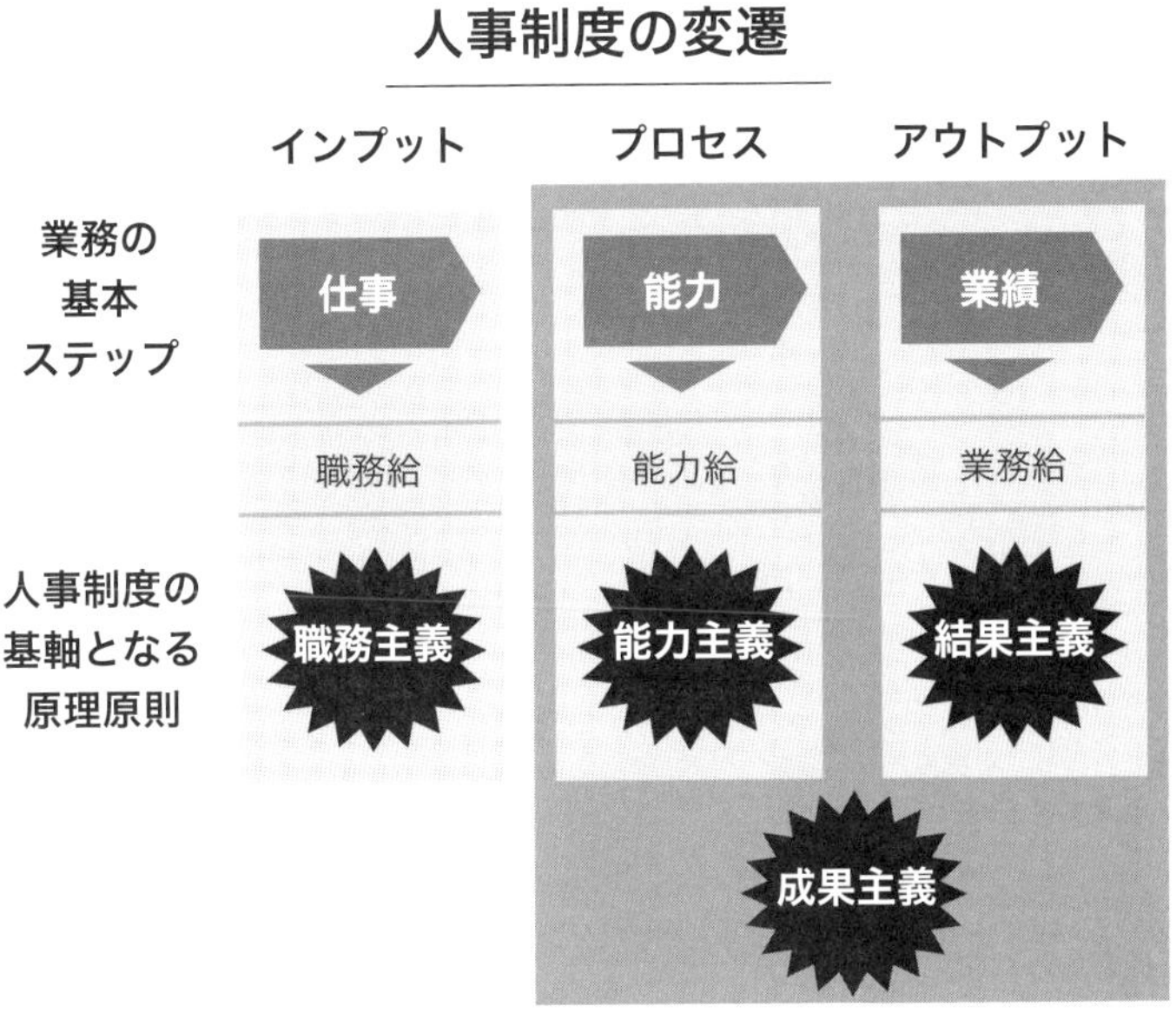

・能力主義の時代：保有する能力とその全うに対して処遇する（能力給）。
・成果主義の時代：期待する成果とその実績に対して処遇する（成果給）。
（結果主義の時代）：期待する業績とその実績に対して処遇する（業務給）。
　→成果主義の失敗

・職務主義は、会社と社員が、具体的な職務記述に対して契約を交わし、担う職務に連動した等級に応じて職務給を支払っていた。
・能力主義は、会社が社員の職務上の保有能力を認定し、役職とは別の能力や年功に連動した等級に応じて能力給を支払っていた。
・成果主義は、会社が社員に求める成果の期待値を測定し、導出した役割に連動する等級に応じて役割給と成果給を支払っていた。
（結果主義）は、会社が社員に求める業績の期待値を測定し、導出した役割に連動する等級に応じて役割給と業務給を支払っていた。

○○主義という、それぞれ特定の原理に基づく人事制度が採用されてきたのには、やはりそれぞれに背景や変遷がある。

まず職務主義は、アメリカの行政機構のような巨大な公的組織を支える人事制度として採用された。行政機構は、議会の施政方針や政策決定、予算配分を受け、各セクションで忠実に職務を遂行することが求められた。

これを企業経営に当てはめ、意思決定のレベルとして3つに分けた場合、

・なぜそれをするのか？　→　理念レベル
・何をするのか？　→　戦略レベル
・どうやるのか？　→　戦術レベル

行政機構の職員は、理念や戦略から落とし込まれた膨大な戦術レベルの実務をとにかく着実に遂行することが求められた。そして戦術というものは、誰が遂行しても概ね同じようになされなければならない。

次に能力主義は、高度経済成長期の日本企業を支える人事制度として年功序列、終身雇用という概念とともに採用された。とにかく、大企業が先を争って大量に採用した人材とその家庭を、丸抱えで処遇していく仕組みが求められた時代である。

しかし、**いかに大企業といえども、仕事上のポストには限りがある**。

だが、社員はその年功（≒年齢）に応じて処遇していかなければならない。

そこで考案されたのが、職務遂行上の保有能力による格付けである。保有能力とすれば、職務経験を積むことにより能力は向上、習熟するものだという理屈で年功者（≒年長者）を高く処遇することができる。

この制度はスポーツで言えば、試合に出ていないメンバー（働かないオジサン）が、いざ試合に出たら大いに活躍してくれるだろうという認識のもとに、レギュラーメンバーと同様かそれ以上の処遇を保証するものだ。

だが、時代は変わった。

バブル崩壊後の日本では、試合に出ていない年長者に高い給料を支払い続けることができなくなってしまったのだ。やはりベンチを温める年長者にも、高い給料に見合った大きな仕事で会社に貢献してもらわなければならない。しかも会社の業績は不透明、不安定になってしまっているため、業績と給料をなるべく連動させたい。

そうして考案されたのが、成果主義型の人事制度である。

成果主義は、まず成果の期待値を測定し、役割の大きさとして等級に当てはめることで、高い成果を期待される社員に、より高い給料を前払いとして払い、期末に成果の実績に応じて精算するシステムである。

では先の職務と役割は何が違うのかと言えば、職務が戦術レベルの実務を遂行することであったのに対し、役割は経営としてなぜそれをするのか？（理念）を会社と共有した上で、何をするのか？（戦略）は自ら考えてコミットメントすることが求められるのだ。成果の期待値を達成するために、何をして、何をしないかを決められる（決めさせられる）のであるから、出てくる実績も人により大きく異なる。

そんな一見すると、（経営層にとっては特に）優れものとして映る成果主義が欧米からやってきた。そして、日本でどうなったか。

そう、**成果主義は当初、さまざまな誤解のもと導入に失敗する企業を多く輩出**してしまったのである。

大きな誤解を一つ挙げるとすれば、**成果主義を結果主義と混同**してしまったことだ。本来の成果主義は、成果を構成する要素として、業績の期待値と業績を達成するために発揮すべき能力への期待値も含む。

だが成果主義の名のもとに導入された結果主義は、単に業績の期待値とその実績のみを評価の対象としてしまった。具体的に結果主義では、業績の測定ツールとしてすでに多くの企業で採用されている目標管理方式により設定した目標と、その達成度（＝業績）のみが評価され、業績を達成するためのプロセスにおいて、仕事を円滑に遂行するためのさまざまな能力の発揮が軽視されるか、全く省みられることはなかった。

だから本来であればチームで達成しなければならない目標であっても、個人で達成しようる歪んだ目標に焦点が当てられ、チームワークがないがしろにされるなどの弊害が露見したのである。

ここで具体的なエピソードを挙げる。

複数の事業をもつあるメーカーに成果主義という名の結果主義が導入された。

どうなったか。

まず**後輩の面倒を見る者がいなくなった**。本来、人材育成の結果責任は、制度上はその組織の長、課であれば課長が負う。だが実際には、課長が若手社員の実務指導からメンタルケアまで面倒を見ることはない。

では、どうするか。

例えば主任クラスの社員に人材育成の遂行責任を負わせ、面倒を見させるわけである。

ただ、文字どおり面倒を見させることを、主任クラスの業績として組織的に承認するか？

それもない。そうすると歪んだ成果主義において主任はこう考えるようになる。

「それでなくとも、日々自分の仕事で手一杯なのに、自分の手柄（業績）として認められない仕事などやってられない」

かつて、課長は自分の代わりに若手社員を指導する主任の働きぶりをねぎらい、評価していた。だが成果主義は違う。あなたの業績として組織的に承認した仕事しか、あなたの手柄にはならないのだ。

他にも社員は、自分一人で完結することのできる仕事、成果をＰＲしやすい仕事ばかりに精を出すようになる。

複数の社員、部門で連携して同じ業績を追求しなければならない場合は、どうなるか？

責任の擦り付け合いが起こる。

以前、製造部門と営業部門、購買部門そして情報システム部門など複数の部門がからむ、材料調達に係るプロジェクトのミーティングに同席させていただいたことがある。

部門間の活発な議論、意識のすり合わせを期待したが、そうはならなかった。誰も積極的に発言しない、もしくは評論家のような発言が目立つ。誰もプロジェクトを本心では進めたがっていない……。自分の仕事としてとらえたがらないのである。

そんな弊害に直面した多くの日本企業は、結果主義を見直し、成果主義を修正、カスタマイズして今日に至っているが、じつは本来の成果主義も、そもそも論として多くの問題を抱えていたのだ。

成果主義では、成果の期待値により格付けされた役割に応じて、何をするのか？（戦略）は自ら考えてコミットメントすることが求められる、とすでに書いた。

確かに、ビジネスコンサルタントや保険会社の営業職のように個人として成果が出せる、出しやすい職種であれば、戦略レベルの意思決定やコミットメントも可能である。しかしながら、多くの事業会社では個人として成果を出せる職種、仕事は少なく、他部署やチームで連携することが求められるのが実情であり、一般的であろう。

そうなるとやはり、企業として経営計画や事業計画を策定する際、然るべき役割と責任を負う者が戦略レベルの意思決定を行い、より役割の小さい社員には計画に落とし込んだ戦術レベルの職務にコミットメントしてもらう、というのが自然である。

その自然な流れを無視して、例えば、すべての社員が戦略レベルの意思決定をせよ！（そんな無茶な……と思うかもしれないが、そういう会社も実際にある）というのであれば、それは経営や事業に責任を負う者が、その責任を放棄することに他ならない。

また他にもよくあるケースとして、成果は求められるが、役割を全うするために必要な権限は与えられず、責任ばかり取らされる……。

それでは誰も本気で役割を果たそうとは考えない。

さて、〇〇主義人事制度の背景や変遷について述べてきたが、これはあくまでも一般的な傾向に過ぎない。先にも述べたが一般的な傾向を踏まえつつ、企業により人事に関する方針が異なれば、その方針を詳細設計した人事制度も全く異なるものになるというわけである。

だが、本書ではあなたの会社の人事制度がいかなるものであったとしても、その本質を見抜く視点を提示し、注意を喚起するように書き進めている。

したがって、あなたが今の会社で社内を、まずは泳ぎ切り、さらに生き残りたいのであれば、本書を参考として**自社の人事制度、人事システムを理解することは必須**であると言えよう。

人事制度は打ち出の小槌か？　経営層の誤解

それでは簡単にではあるが、人事制度設計の全体像に触れておこう。

我々のような人事コンサルタントが人事制度設計の依頼を受ける時には、2つのフェーズに分けてプロジェクトを進めていく。

・人事方針策定：企業の人事に関する基本的な考え方や目指す方向性を、①人材要件、②処遇方針、③雇用方針に分けて策定する

・人事制度設計：人事方針を実現する個別制度、①職務体系、②評価制度、③報酬制度、を設計・統合する

まずは人事方針から。

①人材要件：経営理念や事業の目的、目標、戦略から導き出される人材のあるべき役割、能力を明らかにするもの。（図版「人材要件」）

②処遇方針：処遇の定義および対象、いわゆる○○主義に関する基本的な考え方や精算方法などを明らかにするもの。（図版「処遇方針」）

③雇用方針：社員の雇用区分や等級に応じた採用、管理、退職に関する会社の基本的な考え方を明らかにするもの。（図版「雇用方針」・次ページ）

人材要件

積極性
創造力
情報把握
国際感覚
競争意識
報連相
PDCA
行動力
向上心
情報分析力
自律性
挨拶
誠実さ
商売心
対応力
社交性
スピード
意思決定力
一生懸命
幅広い視野
指導・育成力
当事者意識
専門性
ねばり強さ
改善意識
調整能力
モラル

（過去のアンケート調査結果から一部抜粋）

処遇方針

成果やポテンシャルには
ポストで報いる

自発性、自由度の高い仕事の
進め方と組織的な
仕事の進め方の両立

女性社員の活躍を
後押しする処遇

より上位ポストを
与えることだけが
処遇ではない

社員の適性配置を実現

飛び級による抜粋人事

ローテーションによる
幅広い実務経験の蓄積

個人の資質を高める
研修の充実

組織業績給の導入

特別なインセンティブ
報酬が必要

役割や責任、業績に応じて
給与に差をつける

降格の仕組み

現行の給与水準の見直し

ローテーションは
本人の希望や適性にも配慮する

（過去のアンケート調査結果から一部抜粋）

人事方針は、あなたの会社の経営理念や目的、目標を達成するための戦略を実現するものとして策定されなければならないが、それだけではない。**現在のキャリアの勝ち組、すなわち経営陣の人間性、主観的な意向が最大限に反映される**。

そして、そんな多分に裁量権をもつ経営陣がよく誤解していることがある。それはこんなことだ。

わが社の人材を測定し、評価するにあたり、どこかに客観的で公平な、何かのモノサシが存在する。そのモノサシを制度に落とし込んだものが、いわゆる人事制度である、という

雇用方針

	一般社員	管理職
位置付け	育成	活用
採用	新卒一括採用	原則的に内部登用（一部中途採用）
管理	育成重視（能力や業績などの評価基準により処遇の差をつけない）	活用重視（能力や業績などの評価基準により処遇に差をつける）
退職	能力や業績に応じた解雇はしない	能力や業績いかんによっては解雇もある得る

誤解だ。

この誤解も、自らの裁量権の大きさに対する自覚のなさも、そのまま放置すると大変危険である。

したがって、人事制度設計プロジェクトに参画する人事コンサルタントがまずなすべきは、経営陣のそんな誤解を解くことだ。

「人事制度は、現在のキャリアの勝ち組が社員の何を良しとするか、しないかという〝主観〟をなるべく客観的に明示しようとする試みに過ぎない」、と。

だが多くの場合、その主観的なモノサシ、基準を遠くに求めてしまい、失敗する。

特に大企業では、**基準を遠くに求めてしまうことが〝よく〟ある**。

それは経営陣が、それまで人事評価の仕組みを考える立場にいたことがなかったからだろうか。経営者に人事方針に関するインタビューをしていても、なかなか本音が出てこない。かわりに口をついて出てくる言葉は、誰かの受け売りであり、これまでに何度か「おっしゃることは、あの著名な外資の経営者のお考えですね？」と、思わず聴き返してしまいそうになることがあった。

人事方針を明らかにする段階で、経営陣の本音が引き出せないと、その企業において人材を測定し、評価するモノサシ、基準は**本音と建前のダブルスタンダード**になる。

なぜなら遠くに求めたモノサシ、基準は、経営陣の本音のモノサシ、基準ではないからだ。では、本音と建前のダブルスタンダードは、人事方針を落とし込んだ人事制度の運用下にある社員にどのような影響を与えるか。

以前、取材とからめてこんな質問に答えたことがある。

【質問】

先日、たまたま同僚の給与明細を目にしてしまいました。仕事の能力は明らかにわたしより下なのに、給与がわたしよりかなり高額でした。はらわたが煮えくり返りましたが、こういう場合、何かいい方法はないものでしょうか（37歳女性）。

【回答】

質問者は、確かに同僚より能力が上なのかもしれません。

ただし、それは会社側から見た、会社が真に求める能力なのでしょうか。

会社が社員に求める能力は、傍から見たらそれが評価されるべき能力なのか？　そんな馬鹿らしい！　というものも含まれる場合があります。

会社によっては、例えば「物事を穏便にすませる」ということを暗黙的、非公式に評価することもあります（さすがに、物事を穏便に……が会社の評価している能力である、と表立って掲げはしないでしょうが）。

これはあくまで一例ですが、もし質問者が認識している能力と、会社が真に求める能力が一致しているのであれば、今回の給与格差は上司の評価エラーによる一時的なものと考えて差支えないと思います。

ですが、双方の考える能力が一致していないかもしれない、という疑念が少しでも頭をもたげるようであれば、会社が評価シート等で定める能力は脇に置いて、身近なハイパフォーマー（高業績者）を一度じっくり観察してみてはいかがでしょうか。

人事コンサルタントをしていて強く認識するのは、会社が社員に対して求める真の能力というものは、明文化されない、公にされないことも多いということです。

さらに、ビジネスシーンで発揮される能力というものは、ある会社、ある職場では高く評価されても、別の会社、別の職場では全く評価されない、というように相対的なものであることもよくあります。転職しても、人により以前の職場のように活躍できなくなってしまうのは、そのような理由による場合もあるのです。

ですから、まずは会社の建前と本音を観察し、見極めてみてはいかがでしょうか。

筆者の経験で言えば、オーナー社長が陣頭指揮をとる中小企業では、人事のダブルスタンダードによる混乱、問題は起こりにくい。なぜなら、**オーナー経営者の人間性とそりが合わない、経営者の主観的な意向に反する社員は、その会社にいづらくなり、辞めてしまう**からだ。

だが、そんな中小企業であっても注意を要する場合がある。ままあるのだが、人事制度の見直しを機会に、**オーナー経営者が社員に好かれる良い人になろうとする**のだ。中小企業の経営者が第一線で苦労しながら磨いてきた感覚、直感を無視して、「人事コンサルタントに言われるがままに、もしくは彼らに投げっぱなしで人事制度をいじった結果、全く意に沿わない、使えない人事制度ができ上がってしまい、お金をドブに捨てることになった」という苦い経験を、たびたび打ち明けられている。

ちなみに、そんな中小企業のオーナー経営者には、「これまで人の問題でもご苦労されたのだから、ご自分のお考えを信じて、そしてブレないことです。自分が評価する社員を上から下まで並べてみて、誰が評価しても概ね同じような並びになる人事制度を作りましょう」とお伝えすることが多い。

さて、一方の**大企業では、多くの社員がそもそも経営者と顔を合わせる機会などほとんどなく、たとえそりが合わなくても（飛ばされることはあるかもしれないが）、生きてはいける**。

だが、会社の規模が大きくなればなるほど、**人事部の建前と本音**（人事制度に内在する建前と本音）、評価者（上司）の建前と本音（評価運用に内在する本音と建前）など、いろいろな建前と本音のトラップに注意しなければならなくなる（制度と運用、それぞれにおける建前と本音のトラップは、後の章で詳しく触れる）。

いずれにせよ、社内の人事にダブルスタンダードが存在すると、社員も本音と建前を使い分けるようになる。別の見方をすれば、制度の運用下にある社員が社内で勝ち残るためには、上司の本音、人事部の本音をしっかりとおさえておく必要があるということだ。

ここでも具体的に、あなたが社内を、まずは泳ぎ切り、さらに生き残るために必要なことをお伝えしたい。

それは、課長や部長の口癖、愚痴、「うちは○○だから」とこぼす何気ない言葉を聞き逃してはならない、ということだ。彼らのふとした言葉の中に、あなたの会社の人事、その本音が隠れていることが多い。

あなたの会社の金型は、どんな金太郎飴をひねり出すか

これまで人事方針について話してきた。次は人事制度について。人事方針を実現する人事制度は概ね、①職務体系、②評価制度、③報酬制度、から構成される。

①職務体系：会社にある仕事、仕事に紐付く能力や業績を体系化し、その全体像を明らかにしたもの。また体系を構成する等級や職種を異動する際の基準を明らかにしたもの。

②評価制度：職務体系を構成する等級や職種ごとに評価項目および基準、評価プロセス、評価体制、評価期間を設けて、その結果を査定するもの。

③報酬制度：会社の業績、および評価制度の運用を通じて導き出された査定結果に基づき、あらかじめ定められた算定根拠を用いて給与や賞与、退職金、手当などを決定、支払うもの。

※会社により、人材開発・配置について制度を設けている場合もある。なお、個別制度は人事方針を実現すべく、精緻に連動している。

人事制度を構成する個別制度については、後の章で詳しく触れていくが、要するに人事方針を具体化、精緻化、細分化したものであり、その運用を通じて**人材要件を満たす社員が継続的に輩出され、要件に満たない社員が脱落していく**仕組みである。

職務体系は、事業体や組織階層、職種などを基準として、ある仕事のまとまり（インプット）を定義し、序列化する。そして多くの会社では、その仕事のまとまりを遂行するために求められる能力（プロセス）と、能力を用いた結果として導き出される業績（アウトプット）を定義する。職務体系とは言わば、ある仕事のまとまりと仕事に紐付く能力や業績のマトリックスである。そしてマトリックスを構成する横軸と縦軸それぞれのマス目の数（多さ、または少なさ）が、昇格、昇進のスピードや任される仕事の範囲、大きさを示しており、あなたのキャリアに大きな影響を与える（図版「職務体系を構成するマトリックス」）。

評価制度は、ある仕事のまとまりのマトリックスに対して、能力や業績に関する評価項目や基準、上司による一次評価、さらに上位の役職者による二次評価など評価プロセスと体制、そして評価期間などを定めている。

なお、マトリックス上で縦軸のマス目を上げる（昇格、昇進させる）か否かを審査するため日常的、継続的に運用される評価制度の結果を用いることもあれば、昇格や昇進の審査をする時のみ用いる別の評価基準を設けている場合もあ

職務体系を構成するマトリックス

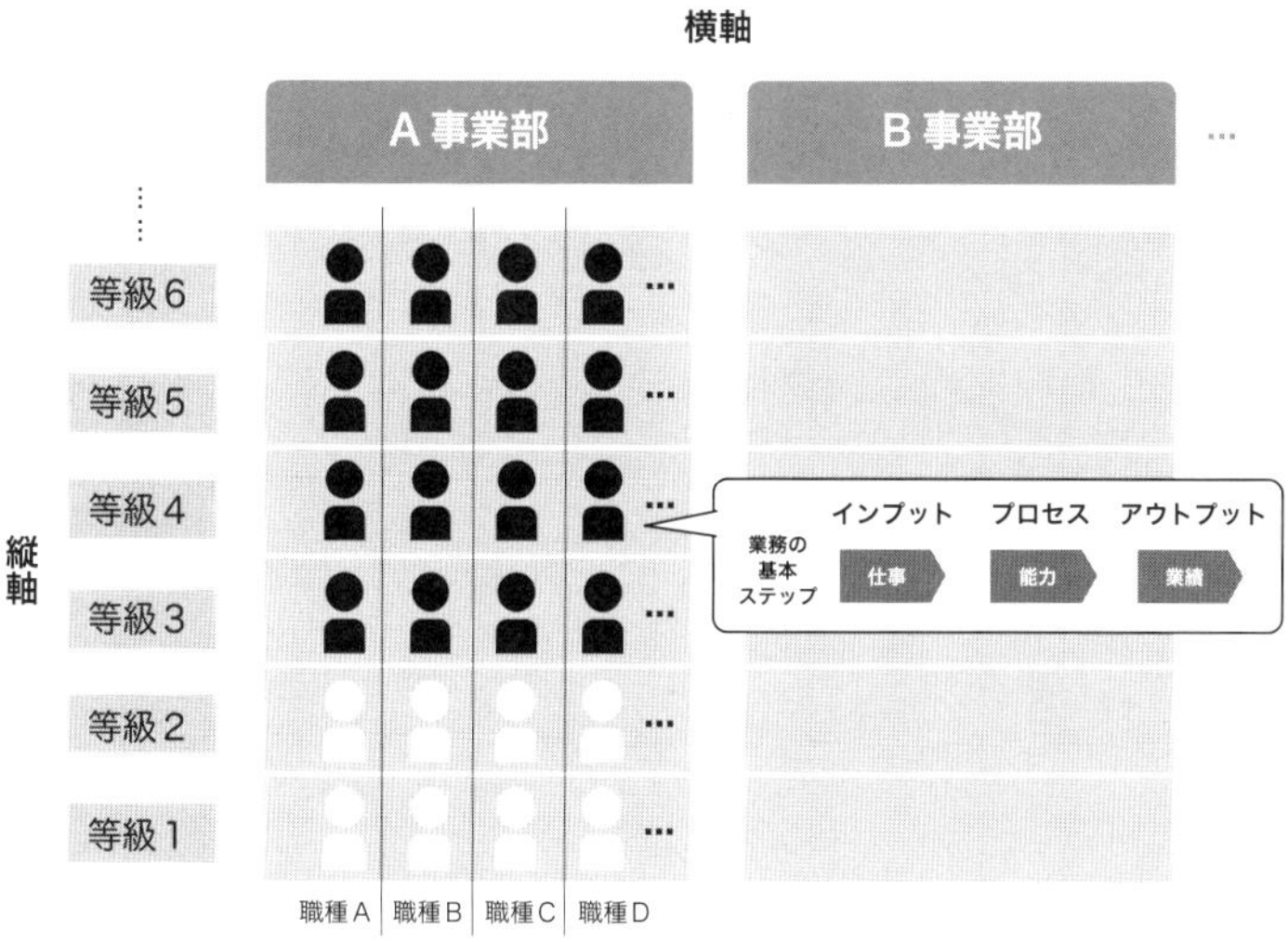

る。

評価項目の数や昇格審査に必要な評価実績、昇格を決定するための基準の明確さなどはあなたのキャリアに大きな影響を与える。

報酬制度は、ある仕事のまとまり（職務給）、成果の期待値（役割給）、役職（役職手当）、または仕事にリンクする能力評価（能力給）や業績評価（業績給）に対して給与や賞与、退職金などを支払う。処遇方針で定めた「何に対して報いるのか？」、また過去の評価結果を蓄積して報いるか、毎回の評価結果を直近の報酬で報い、都度リセットするかなど「どれくらいの期間をかけて報いるのか？」により他の個別制度と報酬の連動は大きく変わる。また職務体系上のマトリックスを構成する主に縦軸のマス目の数（多さ、少なさ）により、昇給する場合の額の大きさも異なる。

さて、ここまで人事方針や人事制度の概略を見てきたが、いかがだっただろうか？

会社が人事方針や人事制度をどう定めるかで、あなたのキャリアは全く変わってくるということが、概略レベルでご理解いただけただろうか。

人事方針とその制度運用により、**四半期のパフォーマンスで退職を迫られることもあるし、たった数年で経営陣の仲間入りをすることもできる会社もある**。

その一方で、制度の恩恵を受けて、働かないオジサンが高い給与を保証されることもある（あった）。（あった）と書いたのは、人事制度も環境の変化を受けてそのカタチを変えていくから、少なくとも今後は、働かずにベンチを温めているだけで高い給料が保証されることはまずないと考えてよい。

働かないオジサンの話しは、取りあえずここまでにしよう。

人事制度が発する本質的なメッセージと、そこにある無責任性

ここであらためて、読者であるあなたにお願いしたいことがある。

あなたの会社の人事制度と照らし合わせて、あなたのキャリアパス、そして結婚や子育て、持ち家など、あなたのライフイベントや人生を考えてみてほしい。

考えてみてほしいと言われても、どう考えればよいかわからない。そもそも会社の人事制度と照らし合わせて、自分のキャリアパスや人生について考えたことがなかった。

少なからずそんな読者もいることだろう。

それはなぜか？

一つは人事制度の読み方がわからないから。もう一つは比較の視点をもてないからだろう。比較の視点とは、さまざまな会社の人事制度を比較する視点だ。

しかしながら、比較の視点をもてないのは、あなたが怠慢だから、ということではない。

人事制度そのものの閉鎖性にも原因がある。

実際、システムが対外的に開かれ、比較の視点に晒されるのは概ねシステムの入口（入社）と出口（退職）だけである。なぜなら入口は、例えば初任給の水準など、就活者に示す自社の魅力が他社の水準との比較に晒され、出口は退職年齢の引き上げや定年後の再雇用など、政策的な要請への対応が比較に晒されるからである。しかしながら、入口を通過して出口に至るまでの過程は、一企業内の論理で構築した人事制度で社員を運んでいくことが多い。

ではこの章の締めくくりとして、**とどのつまり、人事制度とは何なのか？**という問いに筆者なりに答えたい。

人事制度を含め制度というものは、設計者により定義された標準的なアウトプットが量産されることを目的として存在する。

当然、標準的なアウトプットを量産するため、一定の基準を満たし得ると判断されたインプット（採用した素材）がアウトプット（あるべき人材要件）に向けて厳格に運用されなければならない。一定の基準を満たさないインプットは制度の運用にのせる前にはじかれ、その後も制度の運用に適わない素材ははじかれることになる。

制度は、精緻に設計されていればいるほど、標準からの逸脱を嫌う。

ここにもあなたが社内を、まずは泳ぎ、生き残るための教訓が含まれている。

例えば、鳴り物入りで転職してきたキャリア社員がその後どうなったか、経営改革を叫び、上司や役員とぶつかる尖った社員がその後どうなったか、注意深く観察してみてほしい。


あらためて、人事部が就職説明会でうたう言葉を掲載する。


「あなたが成長できる職場です」

「仕事を通じて自己実現しよう」

「仕事を通じて夢を実現しよう」

「あなたは将来の幹部候補です」

「若いうちから仕事を任せます」

「あなたのがんばりに報います」

「風通しが良く働きやすい職場です」

これらのうたい文句を、人事制度の本質から読み解くとこんな風に解釈することができるのだ。

「あなたは、あなたの会社の人事制度が定める標準的な仕事や能力の範囲、スピードでしか成長することができない。それ以上の成長を目指してがんばっても、それが人事制度の仕様を大きく逸脱する場合にはまず認められない。また、そのような成長志向は認められないだけでなく、矯正を求められることもある。

人事制度は、あなたの個人的な夢や自己実現をサポートするものでは全くない。ただし、あなたがあなたの個人的な夢や自己実現を、会社の人事方針や制度にあわせる限りにおいて、あなたの夢や自己実現は会社からサポートされることがあり得る。ただし、そのようなサポート状況があったとしても、会社の都合や判断によって簡単に変更、撤回されることは承知しておかなければならない。

人事制度は社員の誰にも幹部のポジションを約束するものではない。近年の環境に対応する人事制度の傾向として、幹部のポジションなどはますます少なくなっているから、実際に幹部になれるのはごくわずか。

風通しや働きやすさは、人事部によってコントロールされていて、職場内で働くある種の求心力を受け入れられる者は働きやすさを感じ、違和感をもつ者はその感覚を強制するように求められるか、排除されるのである」。

ただ人事制度の例外もある。
それは制度の設計者が、制度の定める運用を逸脱する時に起こる。企業の経営者や役員の不正は、内部統制では防止することができない。同じことは人事制度にも言える。

そしてもう一つ、経営層が自ら導入した人事制度を逸脱する以上に、懸念されるべき事態がある。
それは**多くの現経営層が、新たな人事制度の行く末を見届けることはない**、ということである。

後述するが、人事制度の多くは、その最低限の設計上、次の世代を見据えることになるが、**新たな制度の必要性を叫ぶ経営層は、前世代の人事制度で勝ち残ってきた人材に過ぎない**ということだ。

経営層は当然、新たな人事制度が自社にもたらす（であろう）利益を信じて導入に踏み切るのであろうが、その運用がもたらす歪みや副作用はわからない。

わからないまま、キャリアの勝ち組として会社を去っていくのである。

第２章

あなたの会社に“栄光への階段”は何段あるのか？

（これまでの復習）

職務体系は、事業体や組織階層、職種などを基準として、ある仕事のまとまり（インプット）を定義し、序列化する。そして多くの会社では、その仕事のまとまりを遂行するために求められる能力（プロセス）と、能力を用いた結果として導き出される業績（アウトプット）を定義する。職務体系とは言わば、ある仕事のまとまりと仕事に紐付く能力や業績のマトリックスである。そしてマトリックスを構成する横軸と縦軸それぞれのマス目の数（多さ、または少なさ）が、昇格、昇進のスピードや任される仕事の範囲、大きさを示しており、あなたのキャリアに大きな影響を与える。（図版「職務体系を構成するマトリックス」・63ページ参照）

例えば転職組のあなたは、会社からどれだけ期待されているか

ここで言う **〝栄光への階段〟** とは、会社で昇格（社内的な格付けの等級が上がること）、昇進（対外的な役職やポストが上がること）していくことを指すが、さて、あなたは新卒で会社に入社してから、すでにいくつ〝栄光への階段〟を上がっただろうか？ もしくは

転職組として、新天地の会社にある栄光への階段の何段目に、位置付けられただろうか。〝栄光への階段〟があなたのキャリアにどんな影響を与えるか、その一例を示そう。

あなたが転職を考えていたとする。その際に、重視することは何だろうか？　社会的なステイタス、仕事のやりがい、社風、報酬の水準、転職先のあなたに対する期待の大きさ……。さすがに第二新卒以降の転職で、成長とか夢とか自己実現とか、そういうキーワードを用いて人事面接に臨むことはない、と考えて話しを進める。

大変ドライに聞こえるかもしれないが、会社があなたに提供する〝**確実な**〟報酬は、〝**カネ**〟か〝**ポスト**〟しかない。

人事部は、キャリア採用にあたり、その人材が前職で受け取っていた報酬水準を考慮するのが一般的であるが、あなたは前職と同程度もしくは前職以上の報酬水準を保証されるからといって、手放しに喜んでいてはいけない。

あなたは、新たに保証される報酬水準とは別に、自分は転職する会社の栄光への階段の何段目に位置付けられるのか、ということにも注意を払う必要がある。

なぜなら人事部があなたをキャリアとして**階段の何段目に位置付けるかは、その会社のあなたに対する期待値を示している**ということに他ならないからだ。

たとえ人事部や配属先の担当役員が、人事面談で「あなたには外からの視点で、うちの会社の改善点をどんどん指摘してほしい。会社に新たな風を吹き込んでほしい」と情熱的に語ったからといって、**その言葉を文字どおりにとってはいけない**場合もある。

あなたの位置付けられる階段が、自分の想定より下、自分の上司になる人間の肩書が前職における自分の肩書と同等、もしくは下であれば、転職先のあなたへの期待値は低いのでは？　と疑ってかかるくらいの慎重さは必要だ。

こういう風にも読める。転職先の会社は、あなたがこれまでに社外で培った専門性を欲しているだけであって、将来あなたに自社の経営を担ってほしいとはサラサラ思っていない、と。

だが、人事部は、絶対にそういう風には言わない。

序章　“栄光への階段”その取扱い説明

それでは栄光への階段の仕様や読み方に触れていくこととしよう。

まず、**階段といっても、それが何を基準にした階段なのか**により、職務等級（仕事基準）、職能等級（能力基準）、役割等級（成果基準）などさまざまである。

そして何を基準にするかにより、**社内に働かないけど給料が高いオジサンが生息しうる余地があるか否かが変わってくる**。近年の日本企業を取り巻く環境変化を受け、階段の基準は、職能等級から役割等級へ、そして役割等級と職務等級をハイブリッド（折衷）した新たな基準へと進化していく方向であろう。このような大きな流れで言えば、能力から仕事と成果に人材を評価、格付けする軸が変わったため、スタメンとして試合に出て具体的な成果を出さなければ、評価されない。

きっと試合に出れば、ホームランをかっ飛ばしてくれるよね？　ゴールを決めてくれるはずだよね？　と、根拠のない実力（保有能力）のもとにベンチを温めているだけの人材が、スタメンと同じ給料をもらうことは、もうないのだ。

このように階段の根拠となる基準は大変重要であるが、いずれにせよ、あなたは等級という階段を上がらなければ、会社内のステイタス（よりスケールの大きな仕事や権限）を手に入れることはできない、と考えてよいだろう。

これまで述べたように、人事制度は一定期間の運用を経て、あるべき人材要件を満たす社員を輩出していくわけで、階段を上がるということは、あるべき人材に一歩一歩近づいていくことに他ならないからだ。


であるから、あなたは**階段の仕様について熟知しておく必要がある**。


具体的には、〝栄光への階段〟は一体何段あるのか、そしてその階段は駆け上がることができるのか、階段を降りるということもあるのか、それとも一定期間内に上がることができなければどうなるのか……。

その辺りのルールがあなたのキャリアに大きな影響を与えるのだ。

“栄光への階段”は一体何段あるのか

人事制度を構成する職務体系には、会社の経営理念や戦略をどう人材の取り扱いに落とし込むか、そのエッセンスが凝縮され、表現されている。

したがって、人事制度の運用下にある社員にとって職務体系は、自身のキャリアパス（キャリアの全体地図）そのものだと考えてよい。

俯瞰して見れば、キャリアの全体地図上に放り込まれたすべての社員は、定期的に、時にはサプライズのスライド（人事異動）をしながら、着実に階段をよじ登り（昇格、昇進）、時には階段をずり落ち（降格）、そして最後に、ほんの一握りの者が勝ち残る、**そんなサバイバルを繰り広げる**のだ。

ちなみにこの**キャリアの全体地図は、会社が違えば（全く）違う**ものとなり、全体地図内の上下左右の動きにも、花形や左遷など、各社各様の特徴があるということは言うまでもない。

では早速〝栄光への階段〟をよじ登る昇格、昇進について、見ていこう。
まずは〝栄光への階段〟について統計データを参照する。

《企業が設定している資格等級の数》

1位	**9等級**	**14・2%**
2位	**11～15等級**	**13・4%**
2位	**8等級**	**13・4%**
平均8・7等級		

※月刊人事労務（2012年3月号）『資格等級と階層ごとに求められる能力・知識』より

要は、**平均8・7段の階段を上がれば栄光を享受することができる**ということだ。

次に〝栄光への階段〟を上がる際の倍率を見てみよう。
社員が100人以上の会社における課長、そして部長の割合は以下のとおりとなる。
なお、多くの企業において社内的な格付けである資格等級と役職は厳密に紐付くものではないが、目安として示している。

課長の割合：29・2％（おおよそ3人に1人）
部長の割合：12・7％（おおよそ8人に1人）

※厚生労働省（2014）『平成25年「賃金構造基本統計調査」の結果』より

つまり、**「課長になった人のうち、2・7人に1人」が部長になることができる。**

これがさらに、社員が概ね1000人以上の会社になると、課長、そして部長の割合は以下のとおりとなる。

課長の割合：12・2％（おおよそ8人に1人）
部長の割合：4・5％（おおよそ22人に1人）

ということは、1000人以上の会社の場合**「課長になった人のうち、2・8人に1人」**

が部長になることができるということで、これは社員が100人以上の会社と同様である。

では、パーセンテージではなく人数規模に置き換えてみるとどうなるだろうか。

課長の割合：1000人規模の会社で122人　878人は課長になれない。

部長の割合：1000人規模の会社で　45人　955人は部長になれない。

※労政時報（第3771号／10・4・9）『昇進・昇格実態調査2009』より

そしてそこから役員になれる社員の割合は……、推して知るべしである。

このような統計データを参照すれば、部長から、さらにその上、役員クラスに上がる階段がいかに狭き門であるかがわかる。

またこのような統計データによくあるのは、昇進・昇格の実態として明らかにされているのは**部長層までで、その上の役員層は示されていない**ことだ。

〝栄光への階段〟は途絶している場合もある

これらの統計データからわかるのは、栄光への階段は**上に行けば行くほど、ますます険しい道のりになる**ことだ。だが、まだ**道のりが続いていれば希望もある。**

なぜ道のりが続いていれば……、などと含みのある言い方をするは、人事制度の運用下にある社員から見上げて、たとえ険しくとも**役員クラスへの階段が続いていればよいが、そうでない場合もある**からだ。

そこで、あなたが勝ち残りを目指すのであれば、まずはチェックしなければならないのは、**〝栄光への階段〟の最上位に役員クラスへの階段が含まれているか、否か**である。

あなたがサバイブする人事制度が、労働者の身分にのみ適用され、使用者の身分に適用されないのであれば、あなたがいくら栄光への階段を上がったとしても、（労働者の身分でも就任できる執行役員は別として）使用者の身分になることはできない。

その場合、役員への昇格は、あなたがサバイブするキャリアパスのルートではそもそも無理であり、キャリアパスを勝ち残ることとは全く別のルールで決定される、と考えて間違いない。**いわゆるキャリアパスの〝天井〟**である。

またそもそも、**あなたが〝栄光への階段〟をよじ登っていく過程で、あなたを選別するためのルールは大きく変わる**。だが、実際にどのタイミングで、ルールがどう変わるのかは、別のページで詳しく述べる。

それでは次に、〝栄光への階段〟の数と昇格、昇進のむずかしさの関係を見ていこう。

繰り返すが、昇格とは社内的な格付けの等級が上がること、昇進とは対外的な役職やポストが上がることを指すが、本書では厳密に使い分けていないことがあるので、ご了承いただきたい。

人事コンサルタントは一般的に、職務体系上の等級を定義していく際、戦略や人事方針を踏まえ、係や課、部、事業部など仕事のまとまりや組織に関連付けたり、果たすべき役割や求められる能力が明らかに異なる一般社員、管理職、そして経営層を等級の大枠として置いてみたりしながら、その会社に適った階段を議論し、設計していく。そして、喧々諤々《けんけんがくがく》とした議論を経て、社員に求める役割や能力を大ぐくりにして、階段の数を最小限におさえた設計になる場合もある。その一方で、求める役割や能力を細分化して、やたらと小刻みな階段を設計することもある。

あくまで相対的なものであるが、大ぐくりで少ない階段をブロードバンド、小刻みに多い階段をナローバンドと言ったりする（詳細は第4章）。

一段ごとに立ちはだかる階段をよじ登るか、小刻みに多い階段を着実に踏みしめるか

一段ごとに立ちはだかる階段（ブロードバンド）と小刻みに多い階段（ナローバンド）は、会社の人事にどのような影響をもたらすだろうか？

まず、極端な話しであるが、**等級が一般社員と管理職、経営層の3つの階段しかなかっ**

たとしよう。

当然、それぞれに求められる役割は全く異なるわけであり、役割を果たすために発揮すべき能力も単純化すれば、**一般社員は実務能力、管理職は管理能力、そして経営層は経営能力**と、それぞれ全く異なるのである。

ベンチャー企業や個人事業などでは、一般社員と経営者のみが存在し、経営者が管理職を兼任する場合も多く見受けられるが、一定の企業規模を超えてしまうと、経営者が経営者たる役割に専念することができず、問題が生じることになる。

そして他にも弊害がある。例えば**一般社員として仕事ができたとしても、その実績を評価して管理職に登用して良いものかどうかの判断が全くつかない**、ということだ。

あなたは、部下をまとめ、管理する能力の全くない上司につかえて苦労したことはないだろうか。そのような管理職は、自分で仕事や情報を抱え込み、部下を遊ばせてしまうか、部下に要領を得ない指示を出して職場を混乱させるか、なまじ一般社員としては実務ができたがゆえに、部下に自分流の仕事の進め方を押し付けつぶしてしまうか、いずれかであろう。

その一方で、このような弊害を極力排除すべく、実務をさせながら徐々に管理能力を身に付けさせたり、管理をさせながら徐々に経営能力を身に付けさせたりしようとすると、仕事のまとまりや組織との関連付けが希薄な等級定義となっていくのだ。

例えば、担当、主任、係長、課長、部長、事業部長の間に課長補佐、部長補佐などの等級が差し込まれるように。

ではブロードバンドとナローバンド、〝栄光への階段〟を踏みしめて上がっていかなければならない社員の立場では、どう考えれば良いのだろうか？

じつは、人事コンサルタントがあなたの会社の〝栄光への階段〟を見上げてみれば、社内での振る舞いに必要な心構え、その傾向がわかるのだ。

ちなみに、**ブロードバンドとナローバンドでは、必要な心構えが全く異なる**。

これについては、等級の数と昇格、昇進のスピードとの関係を見ていくのが良いであろう。

これは評価制度とも関連することであるが、あなたが現在ある等級に格付けられているとして、より上位の等級を狙うにしても、**人事制度の設計上ある一定の年数は、現在の等級に滞留しなければならない**。これを昇格とからめて〝**滞留年数**〟と言ったりする。

それは、人事部や経営層が、あなたを上位の等級に昇格させるか否かを判断する材料として、**まずは現等級の働きぶりを見極めるために必要な年数**なのだ。

具体的には、例えばあなたの会社の昇格審査マニュアルに、「**○○等級から上位等級に昇格するための審査対象となるためには、現○○等級において過去3回「A」評価を取得していること**」という風に定められているとする。仮にあなたの会社が年に1回人事評価しているのであれば、**あなたは少なくとも現等級で3年がんばらなければ、上位等級へ昇格するための審査対象にも選ばれない**ということになる。

さらに、人事制度運用マニュアルの記述により、あなたは少なくとも3年、現等級に留まらなければいけないのか（**最低滞留年数**）、それとも3年で昇格審査の対象となるのかは標準者の話しで、3年を待たずに、または3年を超えて昇格審査の対象となることも多くあるのか（**標準滞留年数**）、もしくは3年以内に必ず昇格審査の対象とならなければいけないのか（**最高滞留年数**）、という風に〝3年〟の位置付けが全く変わってくる。

実際、あなたの会社が年に何回人事評価をするかは、その主たる業務がラインを主体として動いているのか、案件ごとに実施期間の異なるプロジェクトを主体として動いているのかによっても異なる。

業務がプロジェクト主体の場合、例えば年間を通じて3つのプロジェクトに参画すれば、3回人事評価を受けることにもなり得る。そして、その3回の評価結果を受けて、上位等級へ昇格するための審査対象に選ばれる、ということも大いにあり得るのだ。

だが、いずれにせよ、等級の数は昇格、昇進のスピードに大きく影響することはおわかりいただけたと思う。

仮に担当①、担当②、主任、係長、課長、部長、事業部長、役員まで8つの等級があるとして、最低滞留年数がそれぞれ、**担当①（2年）**、**担当②（2年）**、**主任（2年）**、**係長（2年）**、**課長（3年）**、**部長（3年）**、**事業部長（3年）**だとすれば、最短ルートで役員になるとしても**17年かかる**ということだ。仮に22歳大卒で入社したルーキーのあなたが、まさに**驚異的なスピードで〝栄光への階段〟を上がれば、39歳で役員になれる**計算である。

ただし、年に1回人事評価（半期毎の評価結果を年度で総合評価するような場合も含む）するような業界では、**上位の等級に行けば行くほど、たった2年や3年の見極めで昇格させるような会社は少ない**、と考えた方が適切であろう。

保守的な業界では特に、あなたと他の社員の差（会社にとって好ましい微差）を慎重に見極め、評価し、そして**徐々に差を付けていく**のだ。

具体的には後の章で詳しく述べるが、会社にとって好ましい微差とは成果の差だけではない。それは上司や各事業所を仕切るキーマンはもちろん、一所に働く多くの社員があなたに対してもつ**〝印象〟の差**である。保守的な業界では特に、社会人としての基本的な態度、コミュニケーション等が重要視されるのは、それらがあなたの印象を形作るからに他ならない。

ちなみに統計データによれば、課長や部長への昇進・昇格年齢は以下のようになっている。同じアンケート調査では、5年後の昇進・昇格のスピードの変化について回答を求めているが、概ねどの等級でも「変わらない」が60%を占めている。

	最年少	最年長	標　準
役員	**49・8歳**	**56・1歳**	**データなし**
部長	**42・1歳**	**52・4歳**	**46・9歳**
課長	**35・2歳**	**48・5歳**	**40・0歳**
係長	**30・3歳**	**44・2歳**	**33・8歳**

部長、課長、係長は、各役職の相当職も含む。

※労政時報（第3771号／10・4・9）『昇進・昇格実態調査2009』より

これまでの解説で、等級の数と最終ゴールに到達するまでのスピード、その相関関係をおわかりいただけただろうか。

等級の数が多ければ多いほど、最上位の等級に到達するまでに時間がかかるのだ。先に例示した等級、担当①、担当②、主任、係長、課長、部長、事業部長、役員について、意図的に等級の数を多く、滞留年数を長く見積もった訳では決してない。むしろ役員が最短39歳で誕生する制度設計は、日本企業全般を見渡せば、かなり先鋭的だと言える。

それでも39歳だ。ひと〝世代〟を20年と考えれば、人事制度は軽くひと〝世代〟を念頭に入れて設計されなければならないことは、おわかりいただけるであろう（実際、〝ひと世代〟を念頭に置くだけでは到底すまされないことも、おわかりいただけるであろう）。

そしてもう一つ。**この統計データは、昇進・昇格することができたほんの一握りの社員の実態について述べているに過ぎない**ということだ。

ここでいったん、ブロードバンドとナローバンドについて整理しておく。

ブロードバンドの場合は、例えば一般社員として実務ができたとしても、その実績を評価して管理職に登用して良いものかどうかの判断が全くつかない、ということだ。

それに対してナローバンドの場合は、各等級に求める仕事のまとまりや組織との関連付けが希薄になってしまうということである。

では、実際に日本企業、特に大企業では、どちらのバンドが採用されてきたか。
これはあくまで相対的な話しではあるが、**ナローバンドを採用してきた企業が多**いと言えるだろう。**特に大企業ではその傾向が強い**。では、なぜ日本の大企業がこれまでナローバンドを採用してきたか、その理由については職務体系だけでなく、他の個別制度（評価制度や報酬制度）との連動の観点からも見ていかなければならないので、別の章であらためて解説する。

なお、バブル崩壊以降の人事制度改定の方向性で言えば、段階的に刻みの数を減らし、ナローバンドからブロードバンドに移行する企業が増えてきてはいる。だが、やはり会社によって相変わらず刻みの数の多い会社もあれば、少ない会社もあるというのが実情である。

また、**ブロードバンドを採用する会社は、人事方針も人事システムもドラスティック**（急進的）である場合が多い。
バンドをよじ登って昇格したとしても、新たなポストで成果を出せなければ降格、もし

くはクビということもよくある。それに対してナローバンドを採用する会社の人事は、コンサバティブ（保守的）である場合が多いようだ。現在の成果主義型人事制度下であってもクビはなく、代わりに配置転換等の措置が取られるのである。

では、あなたが社内で生き残り、勝ち残るためには、どう考えたらよいか。

あなたの会社の〝栄光への階段〟が**ブロードバンドであれば、人事方針は基本的に加点主義**だと考えてよい。したがって、あなたが勝ち残るためには、何より圧倒的な成果を出すことに尽力する必要がある。

逆に〝栄光への階段〟が**ナローバンドであれば、人事方針に減点主義も含まれている**と考えた方がよいであろう。そんな中で勝ち残るためには、成果ももちろん大切であるが、減点評価に足を取られないようにしなければならない。

ちなみに減点主義を採用する会社では、**他の社員の減点要素を求めて徘徊する社員がいる**ものだ。もちろん、それはその社員の本来の役割でもないし、またそのような役割を人事部に頼まれたわけでもないのに、だ。

あなたは、そのような**〝勝手に番犬社員〟にも注意**しておく必要がある。

〝栄光への階段〟を駆け上がることはできないのか

あなたの会社の人事制度が想定する基本的な運用において、社員は等級の数に応じて、一歩一歩その階段を踏みしめて上がっていかなければならない。だが、すべての社員を対象とした一般的な取扱いの他に、一部の特別な社員が〝栄光への階段〟を駆け上がれるような設計を盛り込んだ制度もある。それがいわゆる**〝飛び級〟制度**だ。

だが、運用の実態として役員クラスの〝〇〇人抜き〟を除き、部長クラスまでの昇進・昇格（特に昇格）で飛び級を頻発するような会社を筆者は知らない。仮にずば抜けた能力と実績をもつ社員がいたとしても、昇進・昇格のスピードは概ね滞留年数で調整されているものと思われる。

繰り返しになるが、人事制度はその適用のもとにあるすべての社員を、〝世代〟を超えて運用していかなければならない。運用下にある社員の数が多ければ多いほど、運用は厳格でなければならない。そんな強固な制度は、会社の定義したあるべき人材要件を満たす社員を標準的、継続的に輩出することを目的としているため、**良くも悪くも例外（規格外）を嫌う**のだ。

したがって、誰かの鶴の一声や一時的なラッキーではなく、真の意味で〝飛び級〟を妥当とするような、異能異彩な人材を一貫した基準、モノサシで優遇する手立てを持ち合わせない場合も多い。特にプロパー社員は、そうである。これは次の章のタイトルである「なぜ、あなたはあれもこれも評価されねばならないのか？」に関連しているので、詳しくは後に譲ることにしよう。

〝栄光への階段〟を下るということもあるのか

これまで〝栄光への階段〟を上がることばかり解説してきたが、ここで階段を下る降格についても触れておきたい。

降格制度がある　57・3％

降格制度がない　42・7％

降格制度がある57・3％の企業のうち、実態として「降格」した人がいるのは39・3％である。また降格制度の対象であるが、制度を設けている企業のうち、一般社員と管理職をともに対象としている企業の割合は74・3％で、一般社員・管理職を対象としている企業の割合と管理職のみを対象としている企業の割合をあわせるとじつに97・1％にのぼっている。

※労政時報（第3771号／10・4・9）『昇進・昇格実態調査2009』より

降格は、社員にとって処遇の不利益変更になる訳であるから、昇格よりもさらに明快な理由付けを必要とする。しかしながら、能力主義を採る等級制度では、社員を降格させることがむずかしかった。

能力主義は、先に述べたとおり、会社が社員の職務上の保有能力を認定し、格付けした等級に応じて能力給を支払うものだ。そのため、概ね現状維持か上がることのみを前提とした職務上の保有能力が下がる、または年功が下がることを論ずる根拠に乏しかったのである。

その点、現に多くの企業が採用する成果主義等級制度は違う。社員の役割等級は、成果の期待値の大きさとして決定されるため、見かけ上は同じ仕事やポジションであっても、毎期ごとに会社業績にもたらす影響度や重要度、難易度などの観点から見直されるべきである。そしてまた、同じ社員がその役割を担えるかどうかも期待値に対する直近の実績を見れば明らかだ。

であるから、成果主義に基づく役割等級は、職能等級に比べ、降格の論拠は明快、ということになる。

だが、これまで等級とは上がるもので、不祥事や大失敗などよっぽどのことがない限り等級が下がることはない、というロジックでやってきた働かないオジサンにとっては、まさに平気で等級が下がる成果主義も役割等級も黒船の到来、もしくは青天の霹靂なのだ。

しかし、ロジックは変わった、あなたならどうする？

社内を、まずは生き残り、そして勝ち残るためには、何より戦いのルールを熟知していることが大前提になる。旧来のロジックのもと、現在の等級にしがみ付くことができないとなれば、**さっさと現状から降りてしまうという英断も必要**だ。そして、自分の所属する事業や職種、そして立場をなるべく客観的に観察し、今後のキャリアをどうするか、じっくり考えた方がよい場合も多々ある。

〝栄光への階段〟を一定期間内に上がることができなければどうなるのか

会社によっては、**〝栄光への階段〟を一定期間内に上がることができなければ、辞めてもらう**という、アップ・オア・アウトという方針を採用している場合もある。これは一部の外資系コンサルティング会社などで見受けられ、栄光への階段をまさに駆け上がるイメージだ。優秀な人材は30代前半にして経営層やパートナー（代表社員）に仲間入りすることができる。年俸も高い。

では、駆け上がれない社員は「こんなはずではなかった」と考えるだろうか？

実際、そのように考える人材も中にはいるかもしれないが、多くはないと考える。アップ・オア・アウトを採用するような業界に飛び込む人材は、**会社から評価されていないと感じれば、自分をもっと高く買ってくれる会社にさっさと転職していく**だろう。

また他にも毎年、社員を最高評価Sから最低評価Dに相対評価（評価者の評価判断に一定の格差が付くよう、意図的に並び替える方式）し、D評価の社員には辞めていただくという運用をしている外資系企業もある。これは**組織の大きさを一定に保ちながら、社員の新陳代謝をうながすことを意図**している。

この本を手に取ってくださる多くの読者は、このような方針のもとで働く社員に、自分とは相容れないものを感じるかもしれない。確かに一部の外資系企業、投資ファンドやコンサルティング会社、保険会社などで働く社員は、あなたとは違うキャリア志向、リスク感覚で働いている。

実際、どんな職場を選択するかは、個人の志向やビジョンに深くかかわっているため、さまざまだろう。そして選択の数と同様に、さまざまな組織風土をもつ会社および人事制度がある。だが、いずれにせよ、それぞれの**選択において勝ち残るためには、それぞれのルールを熟知することが何より必要**だ。

この違いを100メートル走とマラソンの違いで説明しようとすると極端に過ぎてしまうので、せめて中距離走と長距離走に例えるのであれば、中距離走には中距離走のルール、勝ち残り方があるし、長距離走でもそれは同様である。ただ、多くの場合に自分が中距離走を走っているのか、長距離走を走っているのかすらもわからず、他と相対的に比較することができないままに〝世代〟は過ぎ去ってしまうのだ。

あなたは〝栄光への階段〟について何を知っておかなければいけないのか？

では、人事制度の運用下にある社員の立場として、〝飛び級〟や〝降格〟など明文化されている施策はともかくとして、滞留年数など、通常一般の社員には明らかにされない人事マニュアルを、**どうやってうかがい知ればよいのか？**

まず、あなたが知っておくべきことは、あなたの会社においてすべての等級が、上から下まで同じ滞留年数設定をしているわけではない、ということだ。

近年の人事制度のトレンドとして、最高滞留年数を設定している企業はほとんどないと思われるが、例えば一般社員クラスの等級であれば、よほど素行、態度、能力などに問題のある社員は別にして、最低滞留年数を経てみな一斉に昇格し、管理職手前あたりから、徐々に昇格年次に差が付くようになっている。

しかしながら、この〝徐々に〟というのが曲者で、人事部はなるべく職場内で波風が立たないように配慮しつつ、じつは同期入社もしくはその前後の年次に入社した社員が、まだ**一般社員のうちから、将来の幹部候補の選抜をはじめている**ことがよくある。

統計データによれば、中長期的に見たもっとも重要な人事課題として、「次世代幹部候補の育成」が挙げられており、選抜人材教育への関心度は以下のようになっている。

おおいに関心がある　59・9％
やや関心がある　34・1％
あまり関心はない　5・2％
全く関心はない　0・9％

（※月刊人事労務（2012年8月号）『次世代リーダー育成の実態』より）

「おおいに関心がある」また「やや関心がある」でじつに94・0％となっている。また従業員規模が300人以上の企業では、じつに86・9％が「おおいに関心がある」のである。そして、次世代幹部候補の育成に関心を示す企業のうち、57・8％が選抜人材教育を実施しているのだ。

このように人事部は、**社員にも見えている表向きの人事評価とは別に**、一部の社員をその他の社員と選別し、重要なポストに配置しながら幹部候補を絞り込んでいくのだ。そのことは、**たとえ選抜された社員であっても知らない**ことが多く、知っているのは選抜された当人の上司を含む一部の経営幹部と人事部のみであろう。

これは対象者選考プロセスにも表れている。

《対象者選考プロセス（複数回答）》

役員が対象者を人選	53・4％
人事部が対象者を人選	51・9％
各部門の責任者が対象者を人選	50・4％
社長が対象者を人選	24・1％
公募してから選抜	15・8％
その他	2・3％

ちなみに、**人材の早期選抜を行っている企業では、経営戦略上の重要なポストもあらかじめ明快に定められていることが多い**。

そして、経営層や人事部は、そのポストに選抜人材の誰を、どのタイミングで配置するかに頭を悩ませているのだが、そんなことも社内では、憶測や噂のレベルを超えて**公に語られることは、まずない**。

だがこんなデータもある。

《選抜人材研修の存在をオープンにしているかどうか》

オープンにしている　66・2％
オープンにしていない　25・6％
その他　8・3％

これは一見、人事の透明性を示しているように見えるが、筆者は必ずしもそうではないと考えている。

例えば個々の選抜人材研修が、選ばれた人材、そして選ばれなかった人材の今後のキャリアにどのような影響を与えるのか、キャリアの「選別」という施策が発する真のメッセージを社内でオープンにしている企業はまだまだ少ないものと思われる。

このことは、別の質問項目「選抜されなかった人に対するフォロー」について、「特に何もしていない」が67・7％を占めることからも言えるのではないか。

人事は一見曖昧なまま、社員を運用する。

しかしながら、あなたやあなたの同期社員が**知らないところ**で、あなた方のキャリアの**微差が、徐々に大差に**なっていくのだ。

〝栄光への階段〟を上がることだけがキャリアではないが、しかしながら……

これまで〝栄光への階段〟について話しをしてきた。ただ、**〝栄光への階段〟を上がることだけがキャリアではない**。

職務体系マトリックスにおいて、どの事業、エリア、職群※1（営業職群、技術職群、管理職群など）、職種※2（営業職群内のマーケティング職、セールス職など）に位置付けられるか、さらにはこれらをどのようにスライド（人事異動）しながら、職業人としての専門性を高めていくかを意識することは極めて重要である。

むしろあなたのキャリアをリスクマネジメントの観点、または「**出口戦略**」の観点で考えるときには、〝栄光への階段〟よりも重要と言えるかもしれないのだ。

※1・2：会社によって職群や職種等の言葉の定義は異なる。

ちなみに「出口戦略」とは、デジタル大辞泉の解説によれば、以下のとおりとなる。

でぐち‐せんりゃく【出口戦略】
1 軍事行動で、軍隊の損害を最小限にとどめて戦線から撤退するための作戦。撤退作戦。
2 (1から転じて) 不況、競争激化などから収益減の見込みとなり、企業が損害の少ないうちに規模を縮小または撤退するための方策。また、投資した株式・債権などを売却して資金を引き上げることをもいう。
3 →出口政策
[補説] 1は、ベトナム戦争時に米軍を撤退させる作戦をさして使ったのが始まりという。
(出典：小学館)

要は、これ以上は社内で生き残れそうもない、出世競争に勝ち残れそうもないと判断した場合は、あなたのキャリアや心の傷が浅いうちに、**競争や会社そのものから離脱するのも英断**であるし、少なくとも**その心づもりはしておくべき**だ、ということである。

この章の最後に、以前いただいた質問とその回答を掲載する。

【質問】

新卒で入社して数年経ちました。まだ、一般社員ですが、どうすれば仕事ができるようになりますか。学生時代の友人と比べて、自分はまだあまり仕事を任せてもらえていないような気がして少し焦っています。ちなみに事務職です（20代男性）。

【回答】

あなたと学生時代の友人はそれぞれ違う会社に入社され、互いの組織風土や権限移譲の程度も異なりますから、一概にどちらがどうだとは言い切れません。

しかしながら、仕事ができるようになる方法はシンプルだと思います。

それは今のうちにたくさんの実務をこなすことです。

ビジネス実務は、こなせばこなすだけ速く、正確にアウトプットが出せるようになります。量は質を生むのです。ですが、20代のうちに目一杯この訓練を積んでおかないと、30代で苦労することになります。

より具体的なアドバイスとしては、実務をペーパーワークとコミュニケーションに分けて、それぞれ意識して訓練してください。

ペーパーワークには、概ね一定の作成パターンがありますので、そのパターンやバリエーションをおさえながら、スピードと品質を上げていくのです。

そして次にコミュニケーションですが、ビジネス上のコミュニケーションは相手への気遣いだと心得て、報連相やミーティングの進め方を研究し、スキルを高めましょう。

最後にもう一つ。上司もすべての仕事に精通しているわけではないし、不得手な実務もあるのです。ですから、そんな上司の仕事を積極的に手伝い、成果とともに受け渡すことができれば、ますます仕事を任せてもらえると思います。

一般社員は、実務ができて上司の信頼を得られれば、ほぼ確実に昇格できるはずですから、ぜひ、がんばってください。

第３章

それでも人事部がつく嘘を見抜けないと寂しいことに

リストラはじつに簡単なロジックにより行われる

あなたは、決算書が読めるだろうか?

あなたが**社内で生き残るために、少なくとも決算書は読めた方がよい**。なぜなら決算書は、あなた自身の危機管理に必要な情報を教えてくれることがあるからだ。

実際、あなたの能力や実績とは無関係に、会社の業績が悪化し、その結果、あなたが望むと望まざるとにかかわらず、事業の縮小や売却、リストラのために会社から去らなければならなくなる日がくるかもしれない。

これはあくまで一般論であるが、会社は**じつに単純な論理で、リストラに着手する誘惑にかられる**のである。

そのカラクリはこうだ。

どの会社も概ね金融機関から資金を借りて、事業を回している。

そして損益計算書上の利益を出して、利益から資金の元本を返済しなければならない。このことは、損益計算書を単純化した損益等式で表すことができる。

収益－費用＝利益　→　利益から資金の元本を返済する。

だが、利益が連続してマイナスだった場合、どうなるのか。

あなたの会社において、概ね2期連続で利益がマイナスとなってしまった場合を考えてみよう。資金を融資している金融機関は、経営陣に対して、次の事業年度は必ず利益を出すよう強烈なプレッシャーをかける。経営陣も金融機関から融資を引きあげられたら、それこそ会社が存亡の危機に陥ることはわかっている。だから、何としても絶対に利益を出さなければならないと考えるのだ。

単純に考えれば、倒産を回避するには、何より収益を上げればよいのだが、実際には思うに任せない場合も多い。

会社の業績が悪化する原因はさまざまであるが、例えばマクロ経済環境が収益回復の向かい風となる中で、何とか利益を出すためには、やはり費用を削るしかない。

だが、損益上の費用と言っても、すぐには削りようのない機械装置等の減価償却費などの費用もたくさんあるから、ではどうするか？

人員の給与カット、そして人員の削減である。

あなたもこれまでのキャリアで、何度か給与カットを経験しているかもしれない。中には人員削減を経験している読者もいることだろう。

これは言わずもがなの話ではあるが、あなたが〝栄光への階段〟を順調に昇り、管理職の肩書を得たとしても、会社の業績いかんにより、給与カットや人員削減のプレッシャーから解放されることは決してないのだ。むしろ、経営基幹職の肩書と引き換えに労働組合員の資格を喪失し、かつ**給料の高い管理職がリストラの対象となるリスクはますます高まる**と考えてよい。

要するに、管理職の門を叩いたばかりの課長クラスは、（あくまで一般論として）結婚、出産、養育、介護等まさにさまざまなライフイベントに直面し、**一番職を失いたくないときに、もっとも職を失うリスクに晒される**ことになるのだ。

一見、会社の**業績が順調であったとしても、同じくリストラのリスクに晒されている**と考えたほうがよい。人事部はつねに経営からの要請を受けて、人事制度の運用下にあるすべての社員の一人として、あなたのことを観察、評価、分析している。

経営からの要請はじつにさまざまだ。

将来の経営を見据えた大所高所からの判断もあれば、他にも関連会社、子会社に片道切符で出向者を送り出さなければならない、誰々が退職する、誰々を辞めさせたい、または辞めさせなければならない、失態を理由に、素行の悪さを理由に、不正を理由になどなど……。

これは実際にあった話しである。

ある役員が「自分の秘書と反りが合わないから、何とか辞めさせたい、もしくはどこかに飛ばしたい」と、人事部に相談してきた。上意下達で対応を任された人事担当課長の目の色が変わる。人事部は、その役員と秘書がデキている（いた？）という情報を、とうの昔にキャッチしていたのだが、いずれにせよ、ここでの対応いかんによって、自分の社内における立場、その後の出世に響くのは間違いない。

そして、人事課長がふたを開けてみてすぐに、役員の相談のタイミングが遅かったことが判明する。その一般社員は、役員の秘書として身に付けたカタコト経営知識をフル活用し、早くから労働組合や労働基準監督署に駆け込み、公平性に欠く一方的な苦情相談をもちかけていたので、話しは大いにこじれることになる。

結果として、その秘書はさんざん役員や人事に悪態をついた上、本人が望んだとおりの人事異動を叶え、一方の人事は社内に悪しき前例を作ることになってしまった。そして、**とんだとばっちりを食うかたちとなった人事課長**が、その後どうなったか、推して知るべしである。

これは笑えない話しであるが、事実、人事部は方々からの雑多な要請に応えなければならない中で、あなたを見ている。

あなたの実績、あなたの報酬、そしてあなたの評判など、あなたに関するすべての情報を把握し、その上で今後、あなたが会社にもたらすであろう貢献利益を総合的に判断するのである。つまり、つねに人事は経営の雑多な要請に応えるための候補者として、あなたを値踏みしているのだ。

ちなみに、あなたとあなたの会社の人事部の利害がもっとも対立するのは、どんな場面であろうか？

それは、やはりリストラに直面した時であろう。そんな非常時の備えとして、あなたに問いたい。

人事部の立場でリストラしやすいのは、どのような社員だろうか？

成果が上がらず、人事評価に問題のある社員だろうか？

これは、アウトプレースメント（企業が雇用調整により人員削減を行う場合の再就職支援）を専門に行う企業の知人に聞いた話しであるが、**リストラしやすいのは「話しのわかる良い人」**だそうだ。

企業は、外部に委託してアウトプレースメントを実施する際にも、それが不当解雇と見なされないように、また風評被害を最小限に止めるように、退職金を割り増しし、綿密なマニュアルを作成し、慎重に対応しなければならない。

そして、そんな非常時の対応に簡単に応じてくれる社員は、人事部にとって本当に有り難いのだ。

その一方で、人事評価もすこぶる悪く真っ先に辞めてもらいたい社員がいたとする。だが、その社員は退職に応じることなく人事部と押し問答をしている間に、リストラの人数枠が満たされてしまった場合、生き残れてしまうこともあり得る。

リストラという非常事態において、どんなことをしてでも会社にしがみ付くという選択が妥当であるかどうかは、それぞれの社員が置かれた立場や人事部が提示する退職条件により、個別に判断しなければならない。

しかしながら、少なくともそのような状況下で、**「話しのわかる良い人」になる必要はない**と筆者は考えている。

さて、リストラという嵐が去り、あなたはその難を免れた、としよう。

あなたは引き続き、社内で生き残り、勝ち残るために全力を尽くすとして、では、あなたは自らの能力不足や失態によらない不測の事態に対して、どう自己防衛を図るか？

あなたが会社の都合に流されてキャリアのかじ取りを手放すのでは、あまりにも心もとないし、**会社があなたの無私の献身を称え、報いてくれることも決してない**。少なくとも、あなたが望むように報いてくれることは、だ。

あなたがしがみ付くのは、たった一本の蜘蛛の糸か

ここで、あなたにこんな質問をしたい。

あなたは現在、会社や家族以外のどんなコミュニティーに所属しているだろうか？

この問いに答えられない読者は、特にあなたの**キャリアリスクを軽減**するため、今から**会社の外にも目を向けておくことを強くお勧め**する。

ちなみに現在、ＮＰＯが主催するこんな活動をご存じだろうか。その活動とは、会社勤めのサラリーマンがベンチャー企業に出資し、出資を条件に自らが会社勤めで培ったビジネススキルやノウハウを駆使して、起業を徹底的に支援するものだ。

あなたが同様の話しをもちかけられたとしたら、どうするだろうか？

自ら出資して、しかも無償でベンチャー企業を支援したいだろうか？

実際この活動は海外から広がり、日本でも主に首都圏でサラリーマン会員を多く集めている。だが、筆者はＮＰＯの主催者から、はじめてこの活動について話しを聞いたときには、わざわざサラリーマンが出資して、さらには無償でベンチャー企業を支援する〝意味〟がわからなかった。

蛇足となるが、筆者は現在、東北に法人を構えながら、東京など首都圏はもちろん広くアジア地域を中心に活動している。東北では、また他の地方でも、ますます人材が不足し、そうであるがゆえに、ますます地域や特定のコミュニティーと強く連携することが求められている。そのため、特定のコミュニティーに顔を出し、自分が求めれば、士業やコンサルタントの肩書がなくてもベンチャー企業を支援する機会はいくらでもある。もちろん出資する必要はない。

だから、少なくとも東北では、同じ入会条件で会員を集めることに苦労しているようだ。

では、なぜ首都圏では、このようなNPO活動がサラリーマン会員を中心に活況なのか。

それは、サラリーマンが現状の会社勤めの立場を維持しながら、**対外的に自らの存在価値を証明する機会を買っている**のである。

裏を返せば、首都圏に住み、会社勤めをしている多くのサラリーマンは、自分のキャリアが将来の可能性も含めて、**一つの会社としかつながっていないため、非常に不安定**であると言えるのではないか。

わざわざ身銭を切って自分を試す機会を買わなければ、自分のキャリアを他の可能性と比較することもできないし、第三者的な視点でキャリアリスクを客観視することもできない。そして、自分の市場価値の測り方、高め方もわからないのだ。

次の章で詳細を述べるが、日本の多くの会社はまだまだ社員に副業を認めていないし、社員がたとえ労働の対価を受け取っていないとしても、このようなNPO活動に従事することを人事部が認めたがらないことを、筆者は知っている。

副業については、会社の営業情報などの漏えいを懸念するなど、さまざまな事情があるとしても、NPO活動にまで難色を示すのは、人事部が社内の一体感を阻害するような社員の活動を嫌うからだ。

それでも筆者としては、このような活動に精を出している人材を、個人のキャリアに関するリスクマネジメントの観点などから応援したいと考える。

なぜ応援するのか？　その理由を一つ挙げるとすれば、あなたの会社の経営層も人事部も、じつは会社に**長年にわたって忠誠を尽くし、良くも悪くも社風に染まりきった人材を高くは評価していない場合が多い**からだ。経営層や人事部が、あなたに期待しているのは別のことだからだ。

あなたが一般社員の身分であれば、社外になど目を向けず、ひたすら実務にまい進してほしい。しかしながら、**あなたがすでに管理職であるならば、これから社内で生き残るためにも、あえて社外に目を向けることをお勧め**する。

ここで、ある企業の管理職からいただいた質問に回答しておきたい。

【質問】
30代の後半で管理職になりましたが、以降、上が詰まっていることもあり、昇格昇進の見込みもありません。仕事もマンネリ気味ですし、将来にも不安を感じます。このような現状を打破するために、何かアドバイスがありましたら、よろしくお願いします（40代管理職）。

【回答】
御社の企業規模、業界から察するに、管理職には比較的はやく昇格されたのではないでしょうか。ということは、これまで担当実務をバリバリこなしてきたデキるビジネスパーソンなのですね。

しかしながら、すでに〝デキる〟基準は変わってしまいました。

つまり、一般社員の昇進昇格と管理職からのそれでは、会社側の審査基準が違う、ということをご理解ください。


これまであなたは、自社の社風や仕事の進め方、暗黙知（経験や勘に基づく言葉にされていない知識）や不文律（明言・明文化されていない決まりや暗黙のルール）を徹底的に理解、察知し、その枠組みの中で、成果を出す訓練を積んできたのです。一般社員にとってその枠組み、すなわちその企業にとっての当たり前を徹底的に理解、察知していることが出世の条件だとも言えます。

ですが、個々の企業にとっては当たり前の文化がビジネスコンサルタントにとっては非常にユニークに映るということもご理解ください。


そして個々のユニークな企業文化には、その企業が今後、経営環境の変化に対応しながら進化を遂げていく上で、〝好ましい要素〟と〝好ましくない要素〟があるのです。

したがって、管理職からの出世の前提条件は、あなたの会社の当たり前をどれだけ客観視できるか、そして好ましい要素と好ましくない要素をどう選り分け、どう巧く継承していくか、変えていくかというのが次のステップとなります。

ですから、ビジネスセミナーや異業種交流会、ボランティアやNPO活動など、積極的に外の空気に触れてみることをお勧めいたします。

この章の最後に。

これは、人事部の宿命であるが、あなたがつねに**晒されているキャリアリスクについて、事前に本人に伝えることはまずない**。伝えるのは、あなたに対する会社の最終的な意思決定が下された後である。

そういう意味で、**人事部は嘘をつく**。そしてそんな人事部の嘘を見抜けなければ、寂しい結果が待っているのだ。

第４章

会社が言うところの“能力”とは、技術ではなく感情であり一体感

果てしなくつづく、ゼネラリストVSスペシャリスト論争に意味はあるか？

人事部では、人事制度がその運用を経て排出すべき人材は、**どのような要件を満たしているべきか**、という議論が延々と繰り返されてきた。

その議論は、一方では「**将来の経営層は、事業のすべての分野や機能を経験すべきである**」（ゼネラリスト推奨）という論調で語られ、もう一方では「**将来の経営層は、特定の分野や機能に特化し、熟知すべきである**」（スペシャリスト推奨）という論調で語られる。

ただし、いずれの議論も、会社側の視点で行われてきたものであり、社員は入社時に、せいぜい事務職と技術職、技能職が文理区分や学卒区分で分かれるか、もしくは総合職と一般職がコース別で分かれる程度であり、社員の視点でゼネラリストかスペシャリストを選択する余地はなかった。

同じ土俵でキャリアをスタートさせた社員にとっては、課長など組織上の職位であるライン職に就き、そして部長、事業部長など、より上位のライン職を目指すことが〝栄光への階段〟を上がることであった。

つまり、**勝ち残りとは、ゼネラリストとして、ライン職の階段を同僚に先んじて上がっていくことだった**のである。

それに対して現在は、〝栄光への階段〟を上がる過程で、**ゼネラリストとしてライン職に就く管理職**もいれば、**スペシャリストとして専門職に就く管理職**もいるという**複線型人事制度を採用する会社が多数**を占めている。

ただし、実態としては未だに〝栄光への階段〟は、ゼネラリストとしてライン職位を得ることのみという単線型人事制度から脱却できないまま、定義の曖昧なスペシャリスト、専門職が多く存在する会社もある。

なぜ、会社により**定義の曖昧なゼネラリストVSスペシャリスト論争が、延々と繰り広げられるのか**？

それはひとえに、時の**経営層も人事部も**それぞれの人材タイプについて、**明快な要件定**

義を描き切れないからである。そして、仮に定義をしたとしても、その後の経営環境の変化を受けて、過去の定義にそった各人材タイプの能力開発もままならないまま、すぐに要件の再定義に取りかかることになるのだ。

いずれにせよ、会社が求める人材要件は、ゼネラリストとスペシャリストの間で揺れ動くのであるが、ここではっきりさせておかなければならないことがある。

それは、一般論としても語られるゼネラリストとスペシャリストという、**いずれの人材タイプに関する要件も**、人事が経営の雑多な要請に応えるため、**あくまで〝社内的に〟**考えたものだ、ということである。

そして、ゼネラリストVSスペシャリスト論争とからめて、人事異動も議論されてきた。

日本企業の強さと弱さの本質とは何か？　人事部の功罪を知る

じつは、日本の大企業では一般的に行われている人事異動を、奇異に感じる欧米人も多い。日本企業を弱体化させる要因になっているのでは、との指摘もある。

欧米企業にも人事異動はあるが、日本企業の人事異動のように、人事部や上司が本人に対して事前に相談、打診することなく、また本人に異動の明快な理由も伝えず、一方的な決定のみを通知することはまずない。そんな日本の特殊な人事異動は、概ね３つの理由により行われている。そしてその背景には、高度経済成長期の日本企業を支えてきた〝日本的経営〟とその三種の神器のうち、とりわけ〝終身雇用制度〟と〝年功序列賃金〟がある。

①職場や仕事にかかるマンネリの防止
②地域や取引先との癒着、不正の防止
③優秀なゼネラリストを育成する手段

まずは①職場や仕事にかかるマンネリの防止、②地域や取引先との癒着、不正の防止、から見ていきたい。

先の〝日本的経営〟と三種の神器、すなわち〝終身雇用制度〟〝年功序列賃金〟そして〝企業内労働組合〟がもたらしたものは、社員の組織に対する長期的なコミットメントや高い集団意識であるが、もちろんその弊害もある。

あなたは、**集団凝集性**《しゅうだんぎょうしゅうせい》という社会心理学用語をご存じだろうか。

集団凝集性とは、メンバーを集団の中心に引き付ける求心力、一体感のことであり、これを高めるためには、**〝活動内容の魅力〟〝対人関係の魅力〟〝社会的威信〟**という3つの要素を高める必要がある。

例えば、あなたの部下や後輩が、友人に自分の会社のことをこんな風に話をしていたら、あなたの会社の集団凝集性は高いと言える。

「今、関わってるプロジェクトが面白くてさー。残業とか休日出勤しても全然苦じゃないんだよね（活動内容の魅力）。

そうそう、今回のプロジェクトリーダーはうちの会社のエースらしいよ。だから、確か

に厳しいところもあるけど、ちゃんとフォローもしてくれるし、何よりスゲー勉強になる。それに他のメンバーもみんな親切でさ、仕事だけじゃなくてプライベートな相談にものってくれるんだよね（対人関係の魅力）。

今回のプロジェクトは業界でも注目されているらしいから（社会的威信）、がんばって自分なりの成果を出したいなー」

確かに、集団凝集性の高まりは、メンバーのモチベーションをますます高め、コミットメントをますます引き出すことができる、と言えそうだ。

であるとすれば、国を問わず、企業を問わず、ある目的の実現、目標の達成を目指すリーダーであれば、集団凝集性を高めることに異論を唱えるものはいないであろう。

そして、**集団凝集性を高めることにもっとも熱心だったのは、じつはかつての日本企業だった**のである。

そう、日本企業は、〝終身雇用制度〟、〝年功序列賃金〟、〝企業別労働組合〟の三種の神器を用いた日本的経営を通じて、日本人の農耕型気質にもかなった形で**長期的に集団凝集**

性を高める施策を講じ続けてきたのだ。

ここで農耕型気質について補足しておく。

農耕型気質とは、日本人の生存、生活の基盤となってきた農耕を背景として培われたもので、集団の暮らしぶりは「自然など、人智を超えた外部の環境により左右されるものだ」とする感情的な傾向に基づいて営まれる。

一方、狩猟型気質（⇕農耕的気質）とは、集団の暮らしぶりは「優秀な個人の身体的能力や知的能力により改善されるものだ」とする感情的な傾向に基づいて営まれている。

そのため、農耕型気質をもつ集団は、経験の多い人材を重用し、集団の規律を重視する傾向がある。それに対し、狩猟型気質をもつ集団は、能力の高い人材を重用し、個人の判断を重視する傾向があるのだ。

したがって、終身雇用制度、年功序列賃金などを基軸とした日本的経営は、経験の多い人材を重用したい日本人の感情的な傾向にかなっているのである。

だが、日本企業が集団を強くするために営々と取り組んできた施策には、大きな副作用もあった。

なぜなら、このように**集団凝集性を高める施策は、集団の内と外に境界線を引き、壁を設ける**ことに他ならず、そして施策が長期にわたるということは、**内と外を隔てる壁がますます高く、堅固になっていく**ことに他ならないからである。

かつて新聞紙上をにぎわせた有名企業の不祥事を調査すると、ある意味当然であるが、企業内に集団凝集性の高さが指摘されることも多い。鶏が先か、卵が先か、いずれにせよその企業は、長期的に集団凝集性を高めたから有名企業と呼ばれるまでに躍進できたとも言えるし、有名企業であるから、ますます集団凝集性が高まったとも言えるのだから。

そして、日本企業が長期的な視点で追い求めた集団凝集性の高まりは、集団の内にある種のマンネリ〝**飽きる**〟〝**だれる**〟〝**慣れる**〟を助長し、そして集団の外からの刺激、例えば経営環境の悪化、ライバル企業との競争の激化、消費者からのクレーム等に対しては〝**かばう**〟〝**守る**〟〝**隠す**〟という心理を容易に働かせることになるのだ。（図版「集団凝集性

集団凝集性の高さがもたらすもの

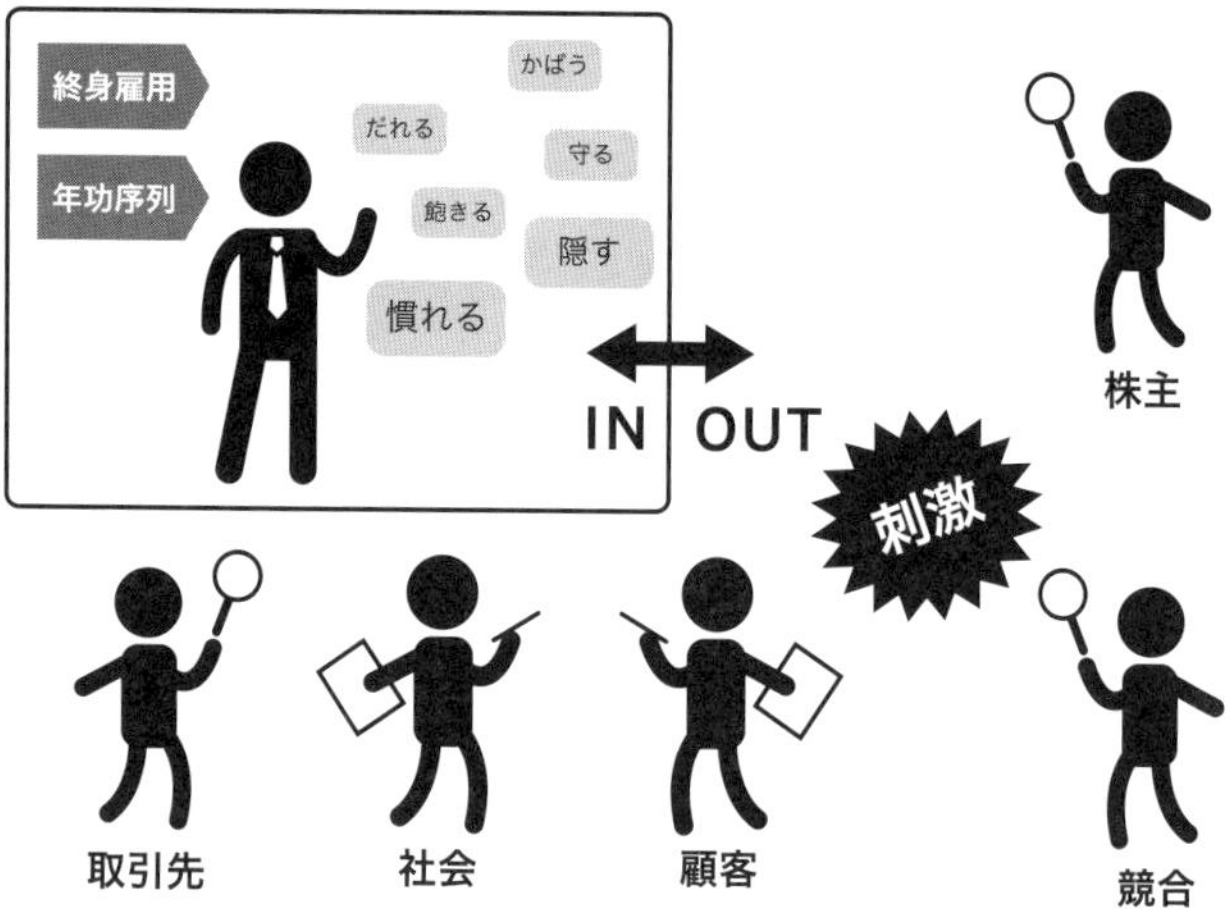

の高さがもたらすもの」）

だが、日本の企業が集団凝集性を高めようとして実施する施策も、集団の外からもたらされた危機に対する反応も、客観的に見れば〝特異〟であることが多い。何かの事件に対して集団が取る反応と行動がその集団の文化であるとするならば、特異性そのものが文化なのである。

だが、その**特異性を集団の内から見抜くのは、なかなかむずかしい**。

ここで、特異性に関するちょっとした事例を紹介したい。

日本企業には事業所内でレクリエーションを実施したり、声がけ運動を展開したりする会社もある。例えば声がけ運動などは、普段仕事で付き合うことのない隣の職場、またその隣の職場の社員とも声を交わしましょう、挨拶しましょう、と言った程度のものだ。そうして、集団凝集性を引き上げるべく対人関係を円滑にし、魅力を高めることを狙いとしている。

だが、**外資系企業で同じことをすると、トラブル**になることがある。

これは実際にあった話しである。日本企業から外資系企業に転職したマネジャー（Mさん）が、席の近い他のサービスラインの社員（Sさん。Mさんの直接の部下ではないが、部下に相当するランクのスタッフ）に毎日、挨拶程度の声がけをしていたら、数日後、Sさんの直属の上司（Hさん）に呼び止められてこう切り出されたそうだ。「**あなたは、毎日Sさんに話しかけているようだね。だが、特に必要がなければ、Sさんに声をかけないでほしい。彼は何らレポート義務のないマネジャーから毎日呼び止められて、どう対応してよいかわからず、ストレスを感じている**」と。

この話しをもち出すことで、日本企業はどう、外資系企業はどうと論じるつもりはない。ただ、**集団が違えば、集団内の〝当たり前〟も全く異なる**ということが言いたいのだ。しかしながら、ある集団内の論理にどっぷりつかってしまうと、集団外の論理に疎くなり、内の論理を客観的に評価することもできなくなるので、注意が必要である。

人事異動。人事システムという名のモンスターがあなたのキャリアを殺す？

ここで人事異動の話しに戻ろう。

①職場や仕事にかかるマンネリの防止、②地域や取引先との癒着、不正の防止、を人事異動の理由とするのであれば、その裏には2つの狙いがある。一つは異動を通じてトラブルを防止する、異動をさせないことによるマイナスを排除するという狙い、もう一つは、長期的に高まった集団凝集性を人事異動という別の施策を通じて希薄にし、バランスを取るという狙いだ。

ここで話しをいったん整理すると、こうなる。

あなたが、職務体系マトリックスにおいて、どの事業、エリア、職群（営業職群、技術職群、管理職群など）、職種（営業職群内のマーケティング職、セールス職など）に位置付けられるか、さらにはこれらをどのようにスライド（人事異動）しながら、職業人としての専門性を高めていくか、を意識することは極めて重要である。

しかしながら、あなたの職業人としての専門性は、あくまでも、あなたの働く企業の論理で定義され、運用されているに過ぎない。そして概ね、以下の3点を狙いとした人事異動により、あなたのつかみかけた専門性は、度々雲集霧散する危機に見舞われるのだ。

あらためて①から③を掲載する。

①職場や仕事にかかるマンネリの防止
②地域や取引先との癒着、不正の防止

③優秀なゼネラリストを育成する手段

これまで①②については触れてきたが、③優秀なゼネラリストを育成する手段、については触れていないことにお気付きだろうか。

じつは、あえて触れなかった。

そもそも読者の一部は、③の記述を読んで、違和感を覚えたかもしれない。昨今ますますビジネスが複雑化、専門化する中で、複数の事業、職種に関する幅広い知識をもつ社員を育成するよりも、むしろ事業や地域、職種を絞って経験を積み、専門性を高めることの方が喫緊の課題となっているはずだ。

しかしながら、相も変わらずたった**2〜3年で職場を転々とさせる人事異動の仕組みは、社員が高い専門性を必要とする仕事を効率的にこなす上で、非常にマイナスな影響を与える**ことになりかねない。

そして、当然マイナスの影響は、あなたのキャリアにも暗い影を投げかけるのだ。

ひと世代という時間の投資を、会社はどう考えるか、社員はどう考えればいいか？

欧米企業から見たら特異な日本企業における人事異動は、③**優秀なゼネラリストを育成する手段**、と書いた。実際、会社が優秀なゼネラリストを求めるにせよ、そうでないにせよ、〝栄光への階段〟の刻みと人事異動が、あなたの出世のスピードを決めるのは間違いない。

そう考えれば、あなたの費やすひと〝世代〟の先に役員のポストが待っているのか、課長のポストが待っているのかは、**その時間を勤め上げる前からわかりきっている**のだ。

例外はほぼ、ない。しかも、仮に時間を費やしたとして**目指すポストにたどり着ける保証は全くない**。

そんな事実を前に、あなたが考えなければいけないのは、こういうことだ。

ブロードバンドとナローバンド、**ひと世代という時間を投資するリスクをどう考えるの**

か？

リスクにはさまざまある。例えばブロードバンドで昇格しても、新たに求められる役割を果たすことができずクビになるリスクもある。

一方のナローバンドでも、首を長くして次の昇格機会を待っている間に、ある日突然肩を叩かれ、追い出し部屋（退職勧奨された人材が送り込まれる仕事のない部屋）に、というリスクもある。

他にも大なり小なりリスクがある中、やはり筆者の考える最大のリスクは、**あなたが自分の貴重な〝時間〟を失うこと**であろう。いわゆる機会損失というやつだ。

機会損失とは、ある機会（ここではキャリア）を選択した場合、仮に他の機会（キャリア）を選択していたら得られたであろう利益や満足のことを指す。

あなたが会社の提示するキャリアを盲目的に、全力で追求している間に、他のキャリアを追求する道は閉ざされるのだ。

そうして時間が経てば経つほど、あなたは多くのものを失っていく。

ナローバンドとブロードバンド

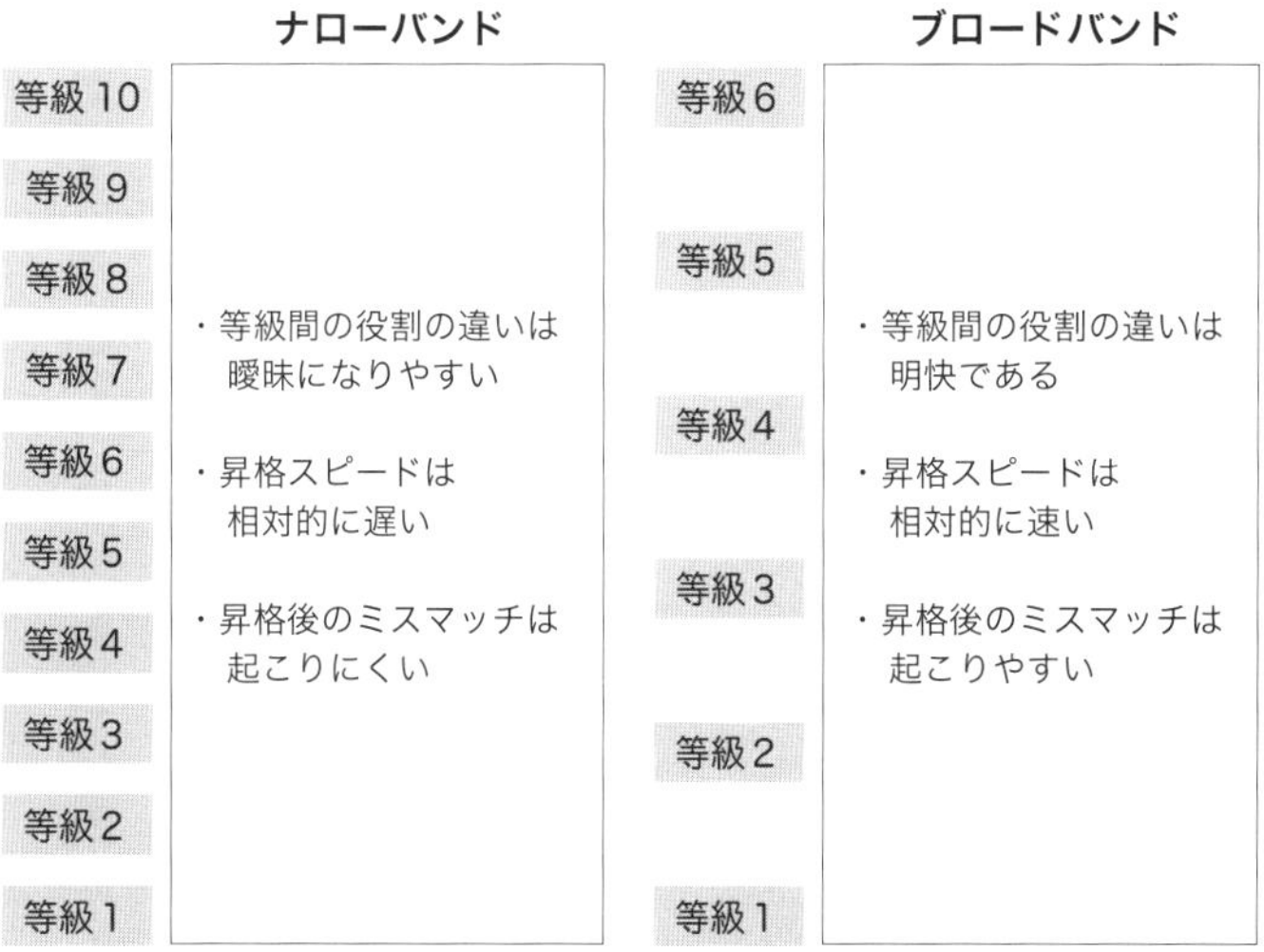

だが、慎重に事を進めようとする会社の人事部は、なぜあなたに小刻みな昇格と人事異動を繰り返させるのか?

人事部は決して、**あなたから貴重な時間を奪うことを目的としているのではない**。

そこには、日本人の農耕型気質にもかなった形で、長期的に集団凝集性を高めてきた企業に固有の事情というものがある。

時間をかけることで〝栄光への階段〟に必要な能力は着実に身に付くのか？

会社の人事制度により、ひと〝世代〟で課長ということもあれば、同じひと〝世代〟で役員ということもあるのは先に述べた。

前者の方が、人材育成に時間をかけていることは言うまでもない。では、前者の課長と後者の役員の能力は**何がどう違うのか？　どちらが上なのか？**

こんな乱暴な問いを発すると前者の人事部から、**「うちは伝統と格式のある大企業だから……」**という声が聞こえてきそうだ。確かに伝統のある大企業と新興のベンチャー企業を比較すると、このような昇格・昇進スピードの格差は当たり前のように見受けられる。

だが、これはあなたがどちらの会社に勤めていたとしても、あなたのキャリア**（会社の提示する……ではない）**に関わる重要な問題なので、あえてこの問いを投げかけたい。

筆者はこう考える。確かにそれぞれの会社の背景や企業規模が異なるため、一概に能力の違いや優劣を論ずることはできない。だが、少なくとも「**役員は企業経営の〝全体〟に対する能力が求められるし、それに比べて課長は企業経営の〝部分〟に対する能力のみが求められ、そこに止まる**」、ということは言える。

なお、課長は企業経営の〝部分〟に対する能力のみが求められ……は、会社の方針によるところも大きい。例えば、早期に選抜された人材に対しては、企業経営の〝全体〟に対する能力を開発するためのさまざまな施策が講じられている場合もある。

だが一般的に、筆者がビジネス教育の現場に携わっていて思うことであるが、例えば新任課長職研修などで、企業経営の〝全体〟に対する能力を開発するカリキュラムを盛り込んでいる企業は、ほんの一部にとどまる。

では、**企業経営の〝全体〟に対する能力を開発するカリキュラム**とは何か。

これは一例に過ぎないが、**役員であれば自らの経営手腕の発揮とその成果は財務諸表に表れる**し、自らの**経営構想を計画に落とし込む際に管理会計の知識も必須**である。ただし、経理職等を除き、課長レベルでそのような学習機会を与えられる会社はまだまだ少ないようだ。統計データを参照しても、そのニーズはまだまだ低い。

《課長層に対する能力開発ニーズ：特に強化すべき能力・知識（複数回答）》

第1位	部下を育成する力	76・5%
第2位	職場の課題を形成する力	58・5%
第3位	労務管理に関する知識	47・5%
第14位	財務・管理会計に関する知識	31・5%

ちなみに部長層に対する能力開発ニーズ（上位3位）も挙げておく。課長層に対する能力開発ニーズと比べて、企業経営の〝全体〟を俯瞰するための開発ニーズに様変わりしている。

そしてこれらは、少なくとも数十人の社員を抱える企業の役員であれば、当然に求められる能力なのである。

《部長層に対する能力開発ニーズ：特に強化すべき能力・知識（複数回答）》
第1位　戦略的にものごとを考える力　64・5％
第2位　職場の構想（ミッションやビジョン）を描く力　62・5％
第3位　経営戦略／マーケティングに関する知識　56・0％
（※月刊人事労務（2012年8月号）『次世代リーダー育成の実態』より）

そしてさらに重要なのは、ポストを得た後だ。役員と課長では、その後の成長スピードが大きく変わってくる。まさにポストが人を育てる、だ。

役員　企業経営の〝全体〟に対する能力　＞　課長　企業経営の〝部分〟に対する能力

では、これまでひと〝世代〟で社員に課長のポストを任せていた会社が、今度から課長ではなく役員のポストを任せてみればよい、という風にならないのは別の事情による。それは、ひと言で説明することができる。

あなたに、**簡単にポストを任せてしまったら、みなが納得しない**からである。

先に述べた「**日本人の農耕型気質にもかなった形で長期的に集団凝集性を高めてきた企業に固有の事情**」とは、あなたが栄光への階段を上がるには、あなたの能力の高さや専門性ももちろん重要であるが、それにも増して重要なことが、別にあるということだ。

あえて極端な言い方をすると、

「あなたが、ある土着信仰をもつ村の村長になりたい、そう志すのであれば、絶対にやらなければならないこと。それは、その村の複数の集落に出向き、同じ釜の飯を食う村民一人ひとりに丁寧に挨拶をし、仕事をともにすることで存在を認めてもらい、そして階段を上がらせてもらいます、とそのための許可をもらわなければならない。その挨拶回りと全体の承認には時間がかかる」

ということに他ならない。

しかしながら、成果主義型人事制度が導入されて以来、多くの企業でこのような固有の事情は大きく変わりつつある。

だが、決して無視はできない。あなたの会社の固有事情を**無視して動けば、あなたはとたんに集団から弾き出されてしまうからだ**。集団凝集性とは、メンバーを集団の中心へ惹き付ける求心力であり、裏を返せば、暗黙の了解や同調圧力を無視する異端を排除する力でもある。

あなたはそんな過渡期にある社内を、まずは慎重に泳ぎ切らなければならない。

そして、その先にある生き残り、勝ち残りのために、さらなる戦略が必要となる。

ブロードバンドの階段をよじ登るにはどうすれば良いのか？

まずは、はっきり言おう。

時間をかけることで〝栄光への階段〟に必要な能力が身に付くわけではない。それでも会社人事が、あえてナローバンドを設けて見極めに時間をかけるのは、あなたの能力を慎重に判断するためではなく、あなたという存在について**広く周囲のコンセンサスを得るた**

めである。

そして、もちろん**慎重に判断することと周囲のコンセンサスを得ることはイコールではない**。

単にあなたの能力を見極めたいのであれば、まずは見極めるべき能力とは何か、ということを明らかにし、評価の仕組みに落とし込めばよい。だが、周囲のコンセンサスとは〝**曖昧さ**〟**を許容する**。そしてその曖昧さは、多分に判断の偏りにもつながる危うさをも含んでいるのだ。

確かに、周囲のコンセンサスという言葉は、聞こえがよい。

あなたという人物が周囲の多くの視点で見られるため、過不足や偏りのない評価が得られるはずである……。

だが、果たして本当にそうだろうか。

確かに集団による判断や意思決定は、個人のそれに比べて、**①豊富な情報量と多角的な視点が得られること、②話し合いにより受容度や実行力が高まること、③判断や意思決定**

に対する責任が分散すること、について利点があると言われている。

しかしながらじつは、集団は、集団であるがゆえに総意としての判断や意思決定を誤ることがあるのだ。その傾向は特に、集団凝集性の高い組織において指摘することができる。集団による判断や意思決定を阻害する要因として４つ指摘しておく。

例えば、周囲のコンセンサスと言っても、個々のメンバーがあなたを見極めるために、具体的に何を、どうすればよいのか役割が定まっていなければ、当然に責任意識も希薄となる。結果、話し合いは、あなたに関する噂話に終始してしまうなど、まずは本来の意図にかなったコンセンサスは得られないであろう（**役割不在**）。

次にあなたに関する大方のコンセンサスがあったとすれば、それを覆すような情報の提供や少数意見は認められづらくなる。結果、コンセンサスが必ずしも正しくない形で均質化されやすい（**同調圧力**）。

また次に、個々のメンバーがあなたに対してもっている印象は、集団による話し合いを通じて、より過激な印象に変換されやすい。あなたに対するポジティブな印象はよりポジティブに、ネガティブな印象はよりネガティブに、ということである（**集団極化**）。

最後に、集団が、あなたに関するコンセンサスを得ようと共同作業を行う場合、個々のメンバーは単独であなたを見極めようと行動する場合よりも、努力の程度を引き下げてしまうことがある**（社会的手抜き）**。

また他にも、よくコンサルティングの現場で「うちの会社は特殊ですから、その事例や方法論は当てはまらないです……」というような意見を聞くが、果たしてそうだろうか。

会社の抱える問題がすべて特殊なものであれば、外部から招へいされたＣＥＯやコンサルタントが問題解決に乗り出して成果を上げることなど、まずは不可能であろう。

会社の抱える問題が特殊になるのは、特殊であると訴えたくなるのは、多くの場合その問題にある種の〝感情論〟が紛れ込むからである。

だが、これはすべて会社や集団の論理であって、あなた個人の論理ではないはずだ。

あなたは、会社の**人事制度や周囲のコンセンサスに潜む〝曖昧さ（危うさ）〟そして〝感情論〟**から、**あなたの大切なキャリアを守らなければ**ならない。

【質問】

弊社は、それなりに知名度があり、非常にまとまりの良い会社だと思います。ですが、先日の会議中、複数のお客さまからいただいたクレームについて対策を検討していた際、リーダーからお客さまを軽視するような発言が飛び出し、メンバーがその発言に引きずられてしまいました。会議に出席する個々のメンバーは、リーダーも含めて、普段からお客さまと真摯に向き合う、誠実でモラルの高い人材のはずなのですが、どうしてそのようなことが起こるのでしょうか。そして議論や意思決定の偏りを防止する方法はあるのでしょうか（40代男性）。

【回答】

あなたの会社は非常にまとまりの良い会社なのですね。ですが、ご指摘のような議論で対策が検討されて、実行されてしまっては、御社の立場はますます悪くなりますし、最悪の場合には不祥事に発展する恐れもあります。

なお、このように会議などを通じた意思決定が極端に偏る（集団極化）のは、以下のような条件が満たされた時です。

その条件とは、
1つめは、その集団の凝集性がそもそも高いことです。

2つめは、集団の議論や意思決定が外部から見えなくなっていたり、リーダーが議論を意図的にコントロールしたりするなど、組織上の欠陥があることです。

3つめは、お客さまからのクレームや、他にも外部から何らかの批判に晒されているなど、メンバーの自尊心が一時的に低下していることです。


そのような場合は、集団はそれぞれのメンバーがもつモラルではなく、集団固有のモラルを受け入れてしまうなど、集団に対する過大評価が起こります。そしてクレームなどの不都合な情報をあえて取り上げなかったり、過小評価したりし、集団の外の人物をステレオタイプで判断するような閉鎖的な精神に陥ります。

さらには集団内の異なった意見に対する、例えばリーダーによる自己検閲や、他のメンバーから同調圧力が働き、不祥事につながるような愚かな意思決定や隠ぺい工作が行われてしまうのです。

ではそのような愚かな意思決定を回避するために、どのような防止策を講じればよいでしょうか。これには3つあります。

・複数のグループで同じ問題について話し合う機会を設ける
・リーダーは、はじめから自分の立場（意見）を明言しない
・リーダーは満場一致を目指さず、自由な立場の発言をうながす

あなたが管理職であれば、このような集団の傾向について、必要に応じて問題を提起し、是正する責任があると考えてください。厳しい話しですが、万が一、不祥事などが起こってしまったら、あなたもその責任を免れないのですから。

（＊集団意思決定のリスキーシフト（Ｊａｎｉｓ　１９８２））

第5章

なぜ、あなたはあれもこれも評価されねばならないのか？

人事部は人事評価の修正を繰り返すが、相変わらず課題に直面している

わたしは一体、わたしの働きぶりの何を評価されているのかわからない。

正直、そう感じている読者も多いと思う。

成果主義型人事制度をはじめて導入した一部の会社では、個々人の働きぶりとその評価が大変シンプルになった。役割（＝成果の期待値）に応じて、目標を３～５つ設定し、ウェイト付けをし、その達成度を評価する。以上、という具合だ。

だが、そのようなシンプルな評価はうまくいかず、成果主義の失敗と言われるようになり、人事部は制度の修正を求められることになる。

しかしながら、そもそも役割に応じて設定された目標の達成度のみを評価するのは、結果主義であり、成果主義とは異なる。

・結果主義：期待する業績とその実績に対して処遇する（業績給）。→成果主義の失敗
・成果主義：期待する成果（能力＋業績）とその実績に対して処遇する（成果給）。
成果主義でいう本来の成果とは、役割に対応する〝能力〟と〝業績〟の両方を評価するものである。

成果主義とは、能力と業績を評価とするものだとわかると、やはり役割等級に対応する能力要件の定義が必要である、だが新たな能力要件は職能等級と何が違うのだ、という議論が起こった。

そして登場したのが、コンピテンシーという能力概念だ。

コンピテンシーとは、**「高業績者が、業績を上げるプロセスで発揮した行動や思考の特性を抽出し、定義したもの」**である。

そして、従来の職能要件は、能力の保有を認定することしかできない（保有能力）が、コンピテンシーは、能力の発揮を行動レベルで具体的に観察することができる（発揮能力）、と説明された。

人事部としては、それまでの成果主義を修正しつつ、業績に至る発揮能力を観察・評価することで、真の成果主義を実現することができると考えたのである。

しかしながら、この世に完璧な制度など存在しないし、同じことは人事制度についても言える。人事部は、成果主義の導入、コンピテンシーの導入と人事制度の修正を繰り返しながらも、相変わらず課題に直面しているのである。

ここでは大きく、3つの課題を挙げることにする。

・曖昧さの残る評価
・戦略性に欠く評価
・誰も知らない評価

曖昧さの残る評価。目標を数値化しようと、発揮能力を観察しようと曖昧さは残る

評価制度は、人事制度を構成する個別制度であるから、制度全体と同様に継続的な運用に耐えうるため、①妥当性と②信頼性の条件を満たしている必要がある。

①妥当性：システムのアウトプットが設計者の意図したものであること
②信頼性：同じ条件下であれば何度でも同じアウトプットが出てくること

評価制度において、①妥当性と②信頼性は以下のように説明することができる。

①妥当性：職務体系上の各人材要件を基準として被評価者を査定し、要件と実際の差を抽出すること
②信頼性：同じ条件下であれば、同じ被評価者を違う評価者が何回査定しても、同じ結果が出ること

そして、①②を満たす評価制度は、次の3つの要素、すなわち評価の透明性、公正性、納得性を担保しなければならない。

なお、この3つの要素については、多くの書籍で語り尽くされているので、簡単に説明するに止める。

まずは透明性から。透明性が担保されるとは、評価制度とその運用に関する詳細な情報が、被評価者に対して開示されている、ということである。

被評価者の側も、自分がどんな評価項目で、どのような基準で、いつからいつまでの期間のことを、どのような**評価者の体制で評価されるのか、知っておかなければならない**。

次に公正性である。書籍によっては、この要素のことを公正性ではなく、公平性と書いている。しかしながら、**多くの人事制度は、その運用下にある社員のすべてに対して、公平な機会や結果を与えることをしない**。したがって、ここでは、公平性を公正性とし、先の②信頼性と同様の意味で用いている。

そして、最後に納得性である。この要素が担保するのは、評価結果に対する納得性ではない。担保すべきは、評価者が評価の前提やプロセスを被評価者に伝え、被評価者に自らの評価を確認、改善する機会をタイムリーに提供することである。納得性を高めるには、評価に関わるフィードバックの頻度を高めればよい。

さて、教科書的な話しはここまでとするが、とにかく人事部は、評価制度に関する説明会を開いて評価の透明性を高め、評価者トレーニングを開催して公正性を高め、人事面談を徹底して納得性を高めようとしている。

だが、**評価に曖昧さが残る**。

事業部から人事部に対してクレームがくる。特にエンジニアが多数を占めるモノづくり企業などにおいて、それは顕著である。エンジニアは機械装置同様に人事制度をとらえ、同様の稼働を求める。

だから人事部は、ますます多くの施策を講じて、**曖昧さを排除しようとする**。目標管理シートに記述する目標を数値化するよう徹底して、発揮能力の観察力を高めるトレーニングを実施して……。

だが、**それでも曖昧さを排除できない**。

なぜ排除することができないのか。理由はさまざまだ。人事評価の曖昧さを排除しやすい業種、職種もあれば排除しにくい業種、職種もある。評価制度そのものに欠陥がある場合もあれば、その運用能力を改善する必要がある場合もある。

そして、**そもそも曖昧さに対する誤解がある場合もある**。

では、まずは業績評価に関する誤解から見ていこう。

例えば、目標管理シートに記述する目標は、曖昧さを排除するためにすべて数値化しなければならない訳ではない。上司に部下の業績を適切に定義する能力がなければ、目標をいくら数値化しても、部下が会社の真の業績に貢献することはできないだろう。

目標が適切に評価されるためには、まずは**「何を目標とするか」がきちんと話し合われ**

なければならないが、その際、話し合いのポイントの一つが、**「掲げた目標はどんなモノサシで測られるべきか」**ということなのである。

より具体的には、全社から組織、そして個人へと展開する活動を、それぞれの活動目的に照らして、どんなモノサシ（業績評価指標）をあてがい連動させるか、ということが何より重要なのだ。

モノサシは、すなわちその活動と活動から得られる業績を定義することに他ならない。

そのため、それぞれのレベルで目標設定とその評価に責任を負う者は、上位活動のモノサシ（業績評価指標）は何か、その真の意味は何かを適切に踏まえておく必要がある。しかしながら、実際の目標設定面談では、上位活動から数値化された目標が降ってきて、それをそのまま個人に展開してしまう愚を犯してしまうことも度々あるのだ。

実例を出すと、このようなことになる。

ある会社の営業部はＡ課とＢ課がある。Ａ課は新規顧客の開拓を目的としており、Ｂ課は既存顧客の深耕を目的としている。そんな営業部に、全社から売上目標が降ってきた。

そこであなたがA課の課長なら、営業部長とどんなすり合わせをして、課員の目標を設定するだろうか。

実際、筆者が関与した事例では、それまで**A課もB課も単純に営業部の売上目標を分け合うだけ**であった。本来であれば、A課には、新規顧客の獲得件数という目標（業績評価指標：獲得件数）が設定されるべきであり、合わせて売上目標との兼ね合いが議論されるべきであろう。獲得した新規顧客ごとの取引額に応じて、評価にウェイト付けをしても良い。

しかしながら、実際に行われていたのは、2つの課で営業部の売上目標を分け合うだけであり、そのため**A課で働く社員が疲弊し、離職していく**という事態が起こっていたのである。

ちなみに、上司が部下の業績を適切に定義するためには、初歩的な管理会計の知識が必須である。しかし、実際には毎年、評価者トレーニングは受けているものの、管理会計のトレーニングは受けていないという管理職も多い。

次は、**能力評価に関する誤解**について見てみよう。

現在、多くの企業で導入・採用されている〝コンピテンシー〟は発揮能力であり、その発揮レベルを職場で観察・評価できるものである。だから、評価の②信頼性は高まるはずだ、と考えられがちであるが、実際には評価誤差は度々起こる。

これにはいくつか理由がある。

コンピテンシーとはそもそも知識ではない、スキルでもない、人材のパーソナリティでもない、仕事の遂行場面で発揮されたそれらの合わせ技である。

したがって、仕事の遂行場面が変われば、知識やスキルなどの組み合わせも変わるし、そもそも特定のコンピテンシーを発揮する仕事の遂行場面に恵まれない職種もある。したがって、じつは特定の知識やスキルを測定・評価するよりも、**コンピテンシーの発揮を見極めることの方がむずかしい**のだ。

そしてもう一つ。

これはコンピテンシーを能力等級の基準として採用した際によく起こることであるが、特に等級の刻みがたくさんあればあるほど、コンピテンシーの定義そのものが曖昧になり、評価することがむずかしくなる。それは役割等級の刻みが多くなればなるほど、各等級の役割要件定義が曖昧になるのと同様だ。

だがこれはコンピテンシーという概念そのものの曖昧さというよりも、**人事制度の設計そのものに無理がある**と考えた方がよい。

具体例を挙げよう。あるクライアントでコンピテンシーを能力等級として採用したいとの要請があった。すでに役割等級は導入していたから、2つの等級制度を運用しようという訳だ。そしてすでにある役割等級は、ナローバンドだった。わかりやすく役職で役割等級を表現すると、一般社員がいて、主任がいて、課長補佐がいて、課長がいて、部長補佐がいて、次長がいて、部長がいて……という具合である。

そして、人事部から提出された要望の一部を挙げれば、全社的に〝コスト意識〟を徹底させたい、ということだったと記憶している。しかしながら（これはすでにこの会社の役割等級から察知していたのだが）どうしても一部の役割に対応する能力要件定義、特に課長補佐や部長補佐、次長の要件定義が曖昧になってしまうのだ。

さらに、部長補佐や次長のコスト意識が、見ようによっては課長のコスト意識より難易度の低い定義になってしまうという逆転現象も起こった。

なぜか？

じつは、どの会社の予算管理・業績管理システムでも、概ね組織単位（および時間軸）で管理することのできるコスト（管理可能費）、できないコスト（管理不可能費）は決まっている。課には課長の責任と権限で管理できるコストが、部には部長の責任と権限で管理できるコストがあるという具合に。

したがって、部長や課長については、管理すべきコストは明快であるが、部長補佐、次長については自らの権限と責任で管理できるコストの範囲が極めて狭く、課長より難易度の高いコスト意識を発揮する余地があまりないのである。

しかしながら、等級は社内における序列に他ならないという認識に立つ人事部は、我々コンサルタントに曖昧な作文を求めた、という次第だ。

実際、このような事例をコンサルティングの現場で数多く見てきたが、じつは曖昧さを排除しきれないのは、もっと根深い別の要因があると筆者は考えている。

それは、そもそも日本企業の人事システムが、人事部の苦労とは裏腹に、**曖昧さを排除してしまっては成り立たない**、ということなのだ。


戦略性に欠く評価。やらないことを決めるのが、戦略策定のはずだが……

試しにあなたの評価シートに記載されている評価項目の数を数えてみてほしい。

評価項目が**多いと感じるだろうか、少ないと感じるだろうか**。それとも妥当な数だと感じるだろうか。

もしあなたの会社に評価シートがなければ、面談等で**上司（一次評価者）が語る言葉に注意を払っていただきたい**。面談時に、上司の語る言葉からあなたを評価する際の視点を見出せなかったり、期初の面談、期中のフィードバック、期末の面談で、どんどん評価視点を〝盛って〟きたりすることがあれば、あなたの会社の**明文化された評価は、あってないようなもの**と考えた方がよい。

話しは変わるが、筆者はこれまで戦略性というものについて、さまざまな講義を受けた。それは講師により、「戦略とは捨てることだ、何をしないかを決めることだ」「戦略とは自らがもつ資源の最適な組み合わせを考えることである」「戦略とは選択と集中である」……。

いずれにせよ、戦略性とは、多くの場合、〝あれもこれも〟とは無縁の概念である。

そして、これは経営再建の現場の話しであるが、再建のカギは一定の成果を4カ月以内に達成することであると言われている。その際、成果として掲げる目標は3つ、多くて5つ。

そう、**戦略的に考えれば評価項目はなるべく少ない方が良い**。特に短期間で大きな成果を出したいのであれば。

これが経営再建の現場でなくても、企業は社員に短期間で大きな成果を出してほしいと望んでいるはずだ。しかしながら、どんなに優秀な人材であったとしても、自らを評価するモノサシがあれもこれもと多くては、そのすべてをつねに心に留めておくことがむずかしくなる。

そうなると、**成果の実現に向けて傾けるパワーは分散し、ゴールに向けた歩みも遅くなる**と言わざるを得ない。

だが実際、**日本の大企業は、社員を評価するためのモノサシが多すぎる**ように感じるのは筆者だけだろうか。

これまで、コンサルティングの現場で、数多くのモノサシを設計してきた。例えば能力評価一つをとっても、じつに多くの視点からモノサシを検討する必要があるのだ。（図版「人材を評価する3つの視点」・次ページ）

視点①：全社で求める能力……自社の経営理念を体現するもの
視点②：等級に求める能力……ゼネラリストを養成するもの
視点③：職種に求める能力……スペシャリストを養成するもの

人事評価は、求める人材に関する経営のメッセージだ。

要は、評価を通じて経営は「**あなたにはこんな仕事ぶりを期待したい、会社に貢献してほしい。そのために、こんな能力を身に付け、発揮してほしい**」ということを伝えたいのだ。

だが、経営の発するメッセージが多すぎて、一体自分は何をしたら評価され、報われるのかを〝人事評価〟から読み取り、行動に移せる社員があなたの会社にどれだけいるだろうか。

人材の能力を評価する3つの視点

3つの視点	内容	設定理由
全社で求める能力	会社としての基本的な価値判断基準や能力（ex. 顧客志向等）	組織的に一体感を醸成する
等級に求める能力	組織階層に求める基本的能力（ex. 管理職：部下管理・育成等）	組織運営力を高める
職種に求める能力	事業や職種に求める基本的能力（ex. 施設管理業務：安全意識等）	業務遂行能力を高める

ただし、それも経営からの重要なメッセージであると認識しなければならない。

それはどういうことか？

もちろん、すべてではないが、日本の**大企業は結局、巨大な組織を長期的に維持・強化することを人材に求めている**のだ。それが**人事システムの運用下にある社員に対するもっとも強いメッセージ**である。

裏を返せば、**企業の戦略性と人事評価との結び付きは希薄**と言わざるを得ない。

しかしながら、日々変転する昨今の経営環境では、企業の戦略性と組織の安定性（例えばそれは、巨大な官僚機構に見受けられるような盤石さ）は、全くと言っていいほど相容れなくなってきている。したがって本来であれば、自社の経営戦略にそってより速く、より柔軟に人材を動かさなければならないはずであるが、だからといって組織の安定性を無視することは許されない。

経営は戦略性と安定性の綱引きに、揺れ動くのである。

人事制度はそんな相反する要請を同時に満たす必要があり、それ以外の要素を極力までそぎ落とさなければならないのだ。その一環として、すべての社員をその運用の対象とする人事制度とは別に、人材を早期に選抜する仕組みを設けたりしているのである……。

だが、第4章で述べたように、やはりどこかで、経営層になるためにはいくつかの事業や部門、地域、職種を経験する必要がある、という考えから抜け出せないでいる。だから、職務体系上の自由自在な人事異動を可能とするように、自社で共有すべき価値観から、スペシャリストとしての能力、そして体系上の横ぐしとなるゼネラリストとしての能力に至るまで、じつにさまざまな能力を評価シートに盛り込んでしまうのだ。

つまり、**曖昧さを排除できないのではなく、あえて曖昧さを創り出しているの**である。

そして理由は他にもある。

バブル崩壊後、日本企業を支えてきた終身雇用制度、年功序列賃金は崩壊し、ますます人材の流動性は高まり、転職市場は活況を呈すると考えられていた。だが実際には、当時想定していたほどには人材の流動性は高まらなかったと筆者は考えている。**現在に至って、安定的な雇用を望む若者も多い**。

それでも転職市場は成熟・細分化した。かつては業界を特定した転職情報や営業職、経理職、技術職など職種という括りで転職情報が多く見受けられたが、現在は管理職の経験をもつ人材などゼネラリストの求人も増えている。

そして、それぞれの求人に応じて採用条件に違いがあり、その条件にはもちろん年収なども含まれている。

なぜ年収に格差があるのか。

それは、それぞれの**職種の市場価値（職務価値とも言う）に差があるから**である。

だが、日本企業の多くは、職務価値の差を人事制度に反映させることを嫌う。人事制度の運用下にある社員は、それぞれに従事する職務の価値を客観的に評価しない、評価してはいけないのだ。

なぜか？

それは、人事制度において**個々の職務価値を認めてしまったら、職種をまたぐ人事異動などさせられなくなる**からということに他ならない。

誰も知らない評価。じつは、あなたの勝ち残りを決める基準を、人事部も知らない

そしてもう一つ、あなたが知っておかなければならないことがある。

これまであなたは、たくさんの評価項目に埋もれながら、それでもコツコツと評価ポイントを稼いできた。

そんなあなたに、**朗報でもあり訃報ともなり得る情報**を届けよう。

人事制度は、あなたが**他の社員との間に付けた〝微差〟を大差にする、そんな装置が内蔵されている**、ということだ。

だが、違う言い方をすれば、あなたの稼いできた〝微差〟が簡単にひっくり返されてしまう人事装置、ということにもなるのである。

それが**昇格者選定基準（卒業基準）**と**昇格者決定基準（入学基準）**である。

これらの基準については、『出世する人は人事評価を気にしない』（日経プレミアシリーズ・平康慶浩著）で詳しく記載されているので、参考にしていただきたい。じつは、平康さんは、筆者がコンサルティング会社に在籍していた当時の先輩であり、その当時からこれらの基準についてはよく議論させていただいた。

それではまず、それぞれの基準について解説することにしよう。

昇格者選定基準（卒業基準）とは、〝栄光への階段〟について昇格候補者を選ぶ際の基準である。この基準として多くは、現在の等級における能力評価や業績評価を用いることが多い。つまり、**一定の期間に、一定レベルの能力評価結果および業績評価結果を得られれば、自動的に昇格審査の対象となる**のだ。しかしながら、昇格審査の対象者に選ばれたからといって、昇格が決定するわけではない。

なお、昇格者選定基準は、より正確には昇格審査対象者選定基準または昇格候補者選定基準と言い換えることができる。

昇格者決定基準（入学基準）とは、昇格候補者の中から実際に昇格者を決定する際の基準である。この基準は、**通常の能力評価や業績評価とは別の基準が用いられることも多い**。例えばそれは、筆記試験や昇格面談、そして昇格者を最終決定するための会議などがある。この基準を満たせば、昇格が決定する。

しかしながら、〝栄光への階段〟すべてにおいて2つの異なる基準を用いた審査をするわけではない。例えば、等級が一般社員の範囲では、卒業基準を満たせば自動的に昇格する運用をとる企業も多い。その場合は特に、各等級に設けられている滞留年数設定が昇格のスピードを決めるのだ。入学基準が、あなたの昇格に影響を与えるのは、概ね管理職への登用時からだと考えてよい。先にも述べたが一般社員から管理職に昇格する際、求められる能力に大きな断層があるため、会社もあなたをより慎重に見極めようとするのだ。

そしてその見極めには、**人事制度の仕様や範疇を超えた〝神様、もしくは悪魔の声〟がもち込まれる**ことになるのである。

実際コンサルティングの現場でも、入学基準として例えば、360度評価（通常の評価体制とは異なり、対象者の同僚や部下、他部署の上位等級者などが行う評価）や筆記試験、昇格面談の設計などを行うが、それぞれの基準を満たせば昇格ということはまずない。

なお、これは絶対評価（評価者の評価判断を尊重し、最終評価としてそのまま採用する方式）と相対評価（評価者の評価判断に一定の格差が付くよう、意図的に並べ替える方式）という評価方式のことを言っているのではない。

それは例えば、**オーナー企業であれば経営者の鶴の一声**により、会社内に**派閥があればその勢力**により、**入学基準における昇格審査の積み上げがひっくり返る**ということなのである。

この傾向は、**管理職から経営層に上がる際にますます顕著**となる。一般社員は目先の仕事ができれば昇格できるが、管理職以上はそうではない、経営層はなおさら、である。それというのも、じつは入学基準と卒業基準が「関係」しているからなのだ。

そして厄介なのは、あなたの勝ち残りを左右する、人事制度の仕様や範疇を超えた〝神様、もしくは悪魔の声〟に**何らかの基準や法則性を見出しにくい**ということなのである。

だが、それでもあなたは社内を、まずは泳ぎ切り、さらには生き残らなければならない。そしてその先に勝ち残りを見据えるのであれば、おさえておかなければならないことがある。

人事評価が発する経営のメッセージを見抜け！

あなたは、あなたの**会社の経営が、あなたに対して発しているメッセージを明快にキャッ**

チすることができているだろうか。

あなたは経営の発するメッセージに耳を澄ますことをせず、上司や同僚と交わす言葉、目先の仕事に必要以上に振り回され、影響を受けていないだろうか。

本書は、最終的にあなたが「あなたのキャリアで勝ち残る」ことを願うものであり、「**あなたの会社が、あなたに提示するキャリアで勝ち残る**」ことを〝栄光〟のすべてとしてとらえるものではない。

しかしながら、**人事評価から経営の発するメッセージを推察することは、社内を、泳ぎ、生きていくためには、極めて重要である**。それは噂話でも都市伝説でもなく、あなたの会社の人事システムの運用下にある、すべての社員に対して発せられている厳然とした事実なのだから。

では、あなたの会社の人事評価が発する経営のメッセージをどのように読み解けばよいか。昇格基準のところで、**一般社員は目の前の実務に徹底的に邁進**することで〝栄光への階段〞を上がれると書いた。したがって、あなたが一般社員であれば、会社の昇格運用を知ることで当面、何をすべきかわかるであろう。

では、卒業基準が適用される**管理職以上、経営層への階段を狙うには**どうしたらよいか。ここでおさえておきたいのは、**人事制度の仕様や範疇を超えた〝神様、もしくは悪魔の声〟を発するのは現経営陣であり、派閥であり、人事部**であるということだ。

先に述べた人事異動の狙いについて思い出してほしい。

①職場や仕事にかかるマンネリの防止、②地域や取引先との癒着、不正の防止、を人事異動の理由とするのであれば、異動を通じてトラブルを防止する、異動をさせないことによるマイナスを排除するという狙いとともに、長期的に高まった集団凝集性を、人事異動という別の施策を通じて希薄にし、バランスを取るという狙いもある、というはおわかりいただけただろうか。

現経営陣は、派閥は、そして人事部は考えている。**わが社は、長期的に集団凝集性をどうもっていけば良いだろう**、と。別の平たい言葉で言えば、社内の風通しを考えているのだ。

人事評価では、評価項目を多く設定することで、社員にある種の保守性やバランス感覚を望むメッセージを発しているが、その一方で革新性や尖った発想も切に求めている。後者がなければ企業の進化発展は望めないことがわかっているからである。

したがって会社は、あなたに期待しているのである。あなたの発想で、**社内の風通しを適度に**良くしてほしい、と。しかしながら、**逸脱してはマズいので、適度に**、だ。

次の章で詳述するが、多くの企業では今後、**ほんの一握りの人材を除いて〝栄光への階段〟は40歳で頭打ち**。給料は上がらず、ノー残業が加速し、副業禁止規定が撤廃され、有給休暇の消化がますます奨励されると考えている。これは日本を取り巻く時代の要請でもあるし、そのような環境の変化を受けて、企業と人材の関係性がますます変化せざるを得ないからだ。

そうして、あなたの人生戦略がますます試されることになるのである。

【質問】

うちの会社には、評価項目がたくさんあり、一体、何をすれば評価が上がるのか、能力が高まるのかが全くわかりません。ちなみにうちの会社の能力評価にはコンピテンシーという概念を用いていますが、サラリーマンとして絶対に高めておかなければならないコンピテンシーはありますか？（30代男性）。

【回答】

まず、コンピテンシーとは、「高業績者が、業績を上げるプロセスで発揮した行動や思考の特性を抽出し、定義したもの」ですよね。

そしてご存じのとおり、コンピテンシーという能力概念は、さまざまな評価項目に落とし込まれます。例えば、仕事の進め方に関連するものには、コスト意識、スピード意識、品質意識などがあり、対人マネジメントに関連するものには、リーダーシップやメンバーシップ、組織マネジメントに関連するものには、例えば組織感覚力などがあります（名称は会社により異なります）。

このようにコンピテンシー評価項目はたくさんありますが、じつはすべての評価項目の上位に存在するコンピテンシーがあるのです。これは実際、ある企業の評価者に複数の項目を評価してもらい、その結果を統計的に解析した際にわかったことです。具体的には◯◯というコンピテンシー評価項目が高く評価されている評価者は、他の項目全般についても評価が高い、その逆も然りでした。

その評価項目とは何か？　それは〝役割意識〟という項目です。

これは、「会社や上司が自分に求めている役割をまずは正確に理解し、それを超える役割を自らに課す」、というものです。別の言い方をすれば、上司やその上の上司の視点で役割を果たそうとするということになります。例えば新人であれば主任の、主任であれば課長の、課長であれば部長の視点をつねに意識し、仕事を進めると結果として高い能力を発揮することにつながるのです。

ですから、そこを意識してみてはいかがでしょうか？

また、あなたが一般社員であれば、課長層に求められる知識やスキル、課長クラスの役職者であれば、部長層に求められる知識やスキルを理解し、先取りで学習してみてはいかがでしょうか？　上位の視点を育むには、上位者の問題意識に注意を払うことと、彼らに求められる知識やスキルを、自らも備えることが肝要だと思います。

第6章

成果主義って報酬に差を付けること？
そうでもあって、そうでもない

なぜ学費は上がってないのに、教育費の貯蓄を増やさなければならないのか

最近、フィナンシャルプランナーの資格をもつ女性と話しをしていて驚いたことがある。それはこんなことだ。

「一昔前は、教育費に関する相談にこうお答えしていました。ご子息が大学に進学する前に、200万円貯めておいてください。ですが、今は違います。少なくとも300万円貯めておいてください、とお伝えしているんです」

筆者は、その意味がわからず、質問をした。

「学費が上がったのですか?」

「違います。学費は概ね上がっていません。ですが、まず大学に入学する際の入学金や、

一人暮らしをする場合の敷金・礼金が必要ですよね。それとは別に４年間の在学期間中にかかる学費をまかなうために、あらかじめ貯金をしておかないと、両親が在学期間中に受け取るお給料では、学費を捻出することができないんです。学費が上がったのではなく、お給料が下がったんですよ」

人事コンサルタントでありながら、これには驚いた。多くの企業で報酬制度を設計しておきながら、社員個々人の家計の具体的な支出にまで関与することがなかったからである。

現在、ますます未婚率が上がり、晩婚化が進んでいる中ではあるが、かつてはご子息が大学受験をするころ、サラリーマンの給料は概ねピークを迎えるように、報酬制度は設計されていたものだ。

それが**今では、ご子息の在学期間中の学費もまかなえず、さらには大学進学者の約半数が奨学金を受け取っている**ということなのである。

では、我々人事コンサルタントは、バブルがはじけて以降、人件費の高騰に頭を抱える企業の窮状、要請を受けて、報酬制度をどのように改定したのか。（図版「報酬制度改定

報酬制度改定の方向性

	重複型	接合型	開差型
給料の設定方法	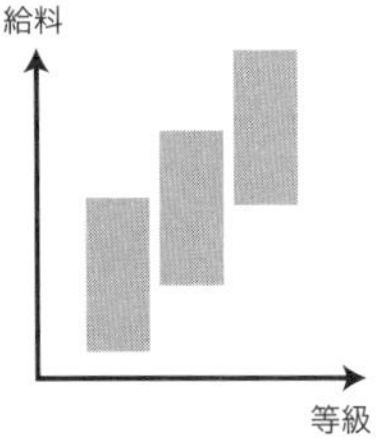 下位等級の上限額は上位等級の下限額を上回る	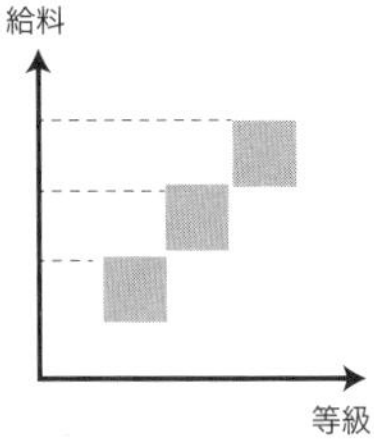 下位等級の上限額と上位等級の下限額が同額である	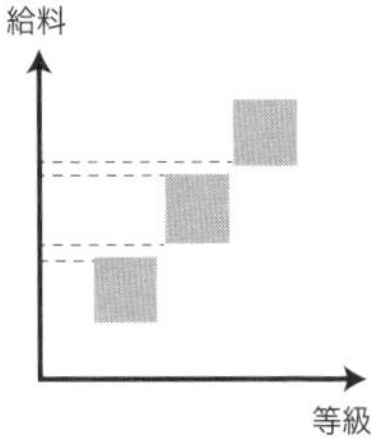 下位等級の上限額と上位等級の下限額に格差がある
メリット	(特に社員が同一等級内に長期間滞留する可能性がある場合など)同一等級内で昇級額を多く取ることができる	・等級と報酬の対応関係が明確である ・開差型と比較して昇給額を多く取ることができる	・等級と報酬の対応関係が明確である ・昇格・昇進によるモチベーションが最も大きい
デメリット	・等級間で報酬が逆転することがあるため等級の違いと報酬の違いの対応関係が不明確になる ・接合型と比較して昇格・昇進によるモチベーションが小さい	開差型と比較して昇格・昇進によるモチベーションが小さい	等級間の間隔を確保するため同一等級内での昇級額が小さい

の方向性」）

報酬制度改定の方向性は概ねこのようになっていた。

報酬の支払根拠……年功や年齢から成果に対する報酬の支払いへ
また属人的な要素に対する手当等の支払廃止
報酬の精算方式……長期にわたる精算から短期で完了する精算へ

かつては、会社に対する貢献が経年的に積み上がる年功という概念や、経験による保有能力の向上という理屈を採用し、同一等級であっても、給料が上がっていく仕組みであった（**重複型**）。したがって、かつて会社にもたらした貢献や成果を長く保証したり、または直接年齢に対して給料を保証したりしていたため、一般的なライフイベントに対応する形で給料は上がったのである。

しかしながら現在は、かつての貢献や成果は関係なく、当面担う役割（＝成果の期待値）に応じて給料を支払い、実績に応じて精算するため、より大きな役割を担わなければ給料が上がらないシステムになった（**接合型**）。

ちなみに、報酬制度をより理想に近い形で運用している企業では、上位等級に昇格することへの金銭的なインセンティブを保証している（**開差型**）。


その背景には、そもそも日本の人件費は高く、加えて時代の要請を受けた定年退職年齢の引き上げや継続雇用制度の導入などにより、企業にはますます人件費余力がなくなってしまったことがある。そんな次第であるから、働かないオジサンはポストもカネも受け取ることができず、その居場所すらもうない。


ちなみに、成果主義は報酬に差を付けることですか？　と問われることがある。

事実、会社によっては、そのような理解で報酬の見直しをしたいと、相談にやってくる人事担当者もいるので、筆者は「そうでもあって、そうでもない」と答えることにしている。

しかしながら、より正確には、成果主義とは会社の人事処遇に関する〝方針〟を指すのであるから、当然それは報酬制度だけに影響するものではないのだ。

だが、実際に成果主義を導入した多くの企業が、成果に応じた報酬の支払いを短期的に完了させると決め、これまで長期にわたり支払ってきた報酬原資を、一時的に支払う報酬（例えば賞与）に充てると決めたのである。だから結果として報酬に差が付くのだ。

報酬の差は、社員を動機付けるか？

では、なぜ報酬に差を付けるのか。これはもちろん、社員を成果に向かって動機付けるためである。なお、動機付けには２つの方向性があり、**報酬に差を付けるという方策は外発的動機付け**と呼ばれ、**別の方向性は内発的動機付け**と呼ばれている。

外発的動機付けとは、外部から他者によって提供される報酬であり、昇給、ボーナスなど金銭的報酬や昇進、表彰、賞賛や承認、メンバーからの受容、リーダーによる配慮などが含まれる。

内発的動機付けとは、内部から自己がつき動かされる状態であり、達成感、成長感、有能感、仕事それ自体の楽しみ、自己実現などが含まれる。

それでは統計データを参照にしつつ、企業が社員を成果に向かって外発的に動機付けるため、報酬にどれくらい差を付けているか見てみよう。

《資格等級ごとの所定内給与額（最高額・平均額・最低額）》

	最高額	平均額	最低額
部長	６１８・７千円	５５８・９千円	５０４・９千円
課長	４７５・３千円	４２２・５千円	３７２・０千円
係長	３５７・６千円	３００・５千円	２５３・７千円

各役職における最高額と最低額の差は以下のとおり。

部長　１１３・８千円
課長　１０３・３千円
係長　１０３・９千円
月額給与の差：８・６千円〜９・５千円

（※月刊人事労務（２０１２年３月号）『次世代リーダー育成の実態』より）

この差についてあなたはどう思うだろうか？

なお、ここでは所定内給与額（総額）の数字を示しているが、成果に応じた差を一番付けるのはやはり賞与であろう。確かに一回の賞与で数百万円の幅で差が付く企業もあるし、個人の成果に応じた賞与とは別に、会社の業績に応じて賞与が支払われる会社もある。

ちなみに、筆者は日本企業と外資系企業の両方を経験しているが、報酬面では一見すると確かに差があった。まず日本企業と外資系企業（特にコンサルティング会社）では報酬の水準が違う、評価による昇給も、また昇格昇給に至っては１００万円～単位で変わった。

確かに**それだけ「差」が付けば、テンションも上がる**。

だが一見と書いた意図は、深夜、報告書作成に追われていたときに、同僚がもらした一言に集約できるだろう。その同僚も日本企業からの転職組であった。

「確かに給料は良くなったけど、労働時間で割ると、時給は最低賃金に触れるよね」

正確に時給を算出した訳ではないが、それくらい馬車馬のように働いていたということである。

そうなのだ、**あなたが何より先に着目しなければならないのは、じつは報酬の「差」ではない**。かつての同僚がつぶやいたように、**時間を貴重な資産**としてとらえた場合、年収ベースで提示される報酬は、**時間単価に置き換えるといくらになる**のか、という視点がある。この視点は今後、一部の社員を除いて残業禁止、兼業奨励等、ますます企業と社員の雇用関係が変化していく想定において、極めて大切な見方であると言える。

そして、また別の見方もある。

特に、成果主義にのっとり改定された報酬制度について、あなたがまず着目すべきは**「差」ではなく「総額」であり、さらには総額に占める固定給と変動給の割合**なのである。その固定給に相当する割合が相対的に減っているから、ご子息の学費がまかなえないのだ。

さらにもう一つ、読者であるあなたに問いかけたいことがある。

ご子息の学費がまかなえないのは、その社員が成果を出せないからであろうか?

実際、それはそうかもしれないし、そうでないかもしれない。

なぜこのような曖昧な回答になってしまうのかと言えば、それは多くの日本企業において、**社員が自らの報酬水準を社内で比較することができない**からだ。

オープンブック・マネジメント（自社の会計帳簿や財務諸表を社員に対してオープンにしていること）の進んでいる企業では、社員の報酬までもがオープンにされている事例もある。そのような稀な会社であれば、社員は周囲との比較を通じて自らの報酬水準や、人事部が自分に投げかけているメッセージを受け取ることができる。

ただし、そのようなマネジメントの進んでいない、また職務価値と報酬との紐付けデータが整備されていない日本の企業では、事情が全く異なる。

社員が受け取る報酬は、人事部と社員本人のみが知るシークレットなのだ。中には、上司ですら部下の報酬を（その大枠の水準すら）知らない会社があり、非常に驚いたことがあった。これでは、まっとうな上司であれば、部下をどうマネジメントすればよいか、動機付ければよいか途方に暮れてしまうに違いない。

そして一方の社員も**報酬の差に気を取られ、自分は概ね標準者だと安堵しながら、気が付けば報酬の地盤沈下が起こっていることも大いにあり得る**のだ。

もう一度問いたい。ご子息の学費がまかなえないのは、その社員が成果を出せないからであろうか？

いや、そうでない可能性もある。もしかしたらその社員は、少なくとも標準的な成果を出し続けているかもしれないのだ。

これが報酬の差の背後にある、**経営陣や人事部のみが知る成果主義のもう一つの真実**なのである。成果主義は、総額人件費そのものを引き下げる手立てとしても使われてきたのだから。

さらに別の観点から、報酬に差を付けることによる外発的動機付けの弊害も看過してはならない、と指摘しておく。

外発的動機付けは、報酬を介して「これをすれば、あれをあげる（あげない）」という条件付けに他ならず、このような動機付けに過度に依存する場合、以下のような悪影響をもたらす。

(1) 報酬は罰になる
(2) 報酬は人間関係を破壊する
(3) 報酬は理由を無視する
(4) 報酬は冒険に水をさす
(5) 報酬は興味を損なう
(6) 報酬は使い出したら簡単には引けない
(7) 報酬はそれを得るための手抜き（最短ルート）を選ばせる

特に**一般社員に限定した話し**であるが、一般社員のうちは（あくまでも常識的な範囲ではあるが）、報酬よりも仕事を通じた理由、冒険、興味を追求することをお勧めする。**自分のキャリアのために、手抜きもしてほしくない**。

なぜなら、将来的に報酬を上げていきたくても、仕事の面白味や没頭感を味わったことがなければ、その後のキャリアが無味乾燥なものになってしまうし、いつまで経っても自分の職業的な適性を見極められないままになってしまうからだ。それに、**膨大な実務をこなした経験やスキルは、どこでも一定の役に立つ**ことを筆者は経験的に知っている。

次に、人事部の視点で、報酬という手段を用いた外発的動機付けの限界を考えてみよう。

特に（6）に関して、日本の人事部であれば、大きくうなずいていただけるであろうが、**報酬をもって社員を動機付けようとしても自ずと限界がある**し、昨今の経営環境において無い袖は振りようがないのだ。

いずれにせよ、成果主義人事制度の導入は、社員が金銭的な面で会社にしがみ付く理由をますます失わせている。

仮に**よく働くオジサンであっても、ポストに就ける保証はどこにもない**。かつてはポストが得られなくとも、給料は相応にもらえたからまだ我慢もできた。だが、今となってはポストとカネはイコールであるため、**ポストが得られなければ給料も得られない**。何とか課長のポストには就けても、それ以上に狭き門である部長のポストには就けず、40歳で給料が頭打ち……。以降、何年かは給料水準を維持できても、その後は水準が引き下げられ、場合によっては追い出されることになるのだから。

逆に、自らのキャリアに選択肢や可能性をもたない社員にとっては、会社という一つのコミュニティー、一つのキャリアパスとしかつながっていないリスクをますます増大させているとも言えるのだ。

会社の側も、引き続き集団凝集性を維持することは大切であるが、そろそろこの事実を社員に伝える必要がある、と筆者は考えている。

そして社員の側は、**自主的、自律的なキャリアパスの設計を通じて、外発的にも内発的にも自らを動機付ける時代**となったのだ。

また企業の側も（まだまだ全体からすれば一部ではあるが）、そんな社員にこそ魅力を感じ、応援する方向に大きく舵を切りはじめている。

【質問】

弊社もずいぶん前に成果主義を導入し、基本的に役割等級が上がらなければ給料も上がらなくなりました。そんな弊社で最近、全国区で人事異動のある社員区分①と地域限定で基本的には転居を伴う人事異動のない社員区分②、いずれかを選ぶことができるようになりました。現在、わたしは東京で働いていますが、もし②を選択するのであれば、家族で地元の山形に戻りたいと考えています。しかしながら、②を選択した場合、給料が現状から2割下がります。これについて何かアドバイスをいただけたら助かります（40代男性）。

【回答】

いろいろなご事情、またお考えがあるかと思いますが、個人的に報酬は生活コストとの兼ね合い、その他のリスクで考えることにしています。

報酬－生活コスト＝貯金

報酬が2割下がっても、生活コストも同じく2割下がれば、差額である貯金は概ね同額ということになります。まずは地元に戻られた場合、どれだけ生活コストを下げられるか、シミュレーションしてみてください。ただし、合わせて基本給の引き下げに伴い、あなたが会社から将来的に受け取るであろう報酬に、どのような影響が出るかもシミュレーションする必要があります。例えばその報酬とは退職金です。これについては人事部に問い合わせてみましょう。

またその他のリスクですが、例えばあなたが定年退職後に地元に戻る場合と、今回地元に戻る場合について考えてみることも肝要です。例えば、今回地元に戻れば維持されうる〝つながり〟は、定年退職後に地元に戻っても同じように維持されているでしょうか。

かつて、そして今も、人事異動がもたらすホワイトカラーの悲哀というものはあります。会社に在職している時は、数年ごとに転勤を繰り返すことも多いため、地元を振り返る余裕がありません。そうこうしているうちに、家族も巣立ち、定年退職を迎えるころ地元に戻ろうと考えても、これまで何のメンテナンスもしてこなかった〝つながり〟は、すでに消え失せてしまっている場合も多いのです。

そうなると、今さら地元に戻る意義もなくなってしまいます。だからと言って、新たな“つながり”をイチからつくる気力も体力もない。

そして、孤独になってしまうのです。

これはもしかしたら、あまり直視したくない未来の可能性の話しかもしれませんが、ちょうど今、あなたの人生戦略を練り直す時期にきていると、ポジティブにとらえてみてはいかがでしょうか。

第７章

どこでも成果が出せる人と出せない人、出世するのはどっちだ？

エンプロイアビリティを高めれば、あなたは社内で勝ち残れるのか？

会社の論理や感情論に振り回されながら、何とか社内を泳ぎ切っても、生き残れるのは課長のポストまで。そこから先の勝ち残りは、入学基準を司る神か悪魔のみぞ知る。

それでは、あなたのキャリアは非常に心もとないものになってしまう。

では、どうするか？

あなたは**エンプロイアビリティ**という言葉をご存じだろうか？

エンプロイアビリティとは、**汎用性の高いスキルの習得や資格の取得を通じた転職能力**のことである。

人事部でも、集合研修などのＯＦＦ－ＪＴを、社員のエンプロイアビリティを向上させる手段としてとらえている場合がある。これは余談だが、選抜した社員を海外に留学させてＭＢＡ（Ｍａｓｔｅｒ ｏｆ Ｂｕｓｉｎｅｓｓ Ａｄｍｉｎｉｓｔｒａｔｉｏｎ：経営学修士）を取得させたが、転職させないためにどうすればよいか、という相談を受けたこともある。

いずれにせよ、エンプロイアビリティが高いということは、転職市場においてエージェントや企業が一定の評価をし得る、知識やスキルを備えているということに他ならない。そんな**知識やスキルの代表格が、いわゆる公的な資格**であろう。

特にＩＴ企業などでは、社員の保持している資格を対外的に公開し、会社の信用度や技術力の高さをＰＲしている場合も多い。いわば資格の取得者とは、その資格がカバーする範囲の仕事であれば、どこでも成果が出せる人ということなのである。ただし、実際には資格を取得しても、その資格に基づく実務経験がなければ、成果が出せないという場合も多々あるが、それはここでは置いておくことにする。

では、**エンプロイアビリティの向上が、社内の勝ち残りと関係するか**。

これについて明言する前に、筆者はキャリアの問題を〝技術的〟にとらえることには賛成している、と述べておきたい。

ここで用いている〝技術〟とは、こう考えればよいだろう。

「ある物事を取り扱ったり処理したりする際の方法や手段で、一定の訓練により学習し、活用することができるもの」

そう考えて実行すれば、**あなたの何より大切な〝時間〟を、あなたの会社の論理で奪われることがなくなる**はずだ。会社がどんな〝栄光への階段〟を設計していようと、どんな人事異動をしていようと、第一義的にあなたのキャリアはあなたの軸で考え、準備を進めればよい。そしてキャリアに関する課題を技術論で解決していくのだ。

例えば、ブロードバンドの断層を埋める手立てとして、ゼネラリストに求められるリーダーシップやマネジメント能力、またスペシャリストに求められる知識やスキルは（確かに経験による習熟もあるだろうが）、少なくともその基本は誰でも概ね同じように学ぶことのできる技術である。

そうした認識に立てば、一般論で語られるゼネラリストとスペシャリストも、さらには両者を兼ね備えたハイブリッド型人材にも確かにひな形が存在し、それは学ぶことができるのだ、と考えることができる。

なお、仮にあなたの会社がナローバンドを採用していたとしても、会社組織というものを技術的に考えて、備えるべき能力に目を向ける、あらかじめ習得しておくということは好ましいことに違いない。

しかしながら、だ。

エンプロイアビリティを高めれば、社内で勝ち残れる、そう考えるのは極めて拙速な判断だ。むしろ、**エンプロイアビリティがあなたの勝ち残りを阻害する**こともあり得る。

それはなぜか？

エンプロイアビリティが高いということは、外部の専門家としての視野、視点で社内を見る力が高まるということに他ならない。

しかしながら、外部の専門家は〝外部〟であるがゆえに、あなたの会社に対して貢献することができるのだと考えた方が、まずは妥当である。

あくまでも内部の人材として勝ち残りを目指すあなたが、外部の専門家のような立ち位置で社内の問題解決にあたっても、成果を出すことはむずかしいであろう。むしろ、**社内で〝こいつはわかっていない〟と思われてしまう可能性**もある。

なぜ、〝こいつはわかっていない〟と思われてしまうリスクがあるのか？

これは事業会社とコンサルティング会社の両方を経験している筆者の見識であるが、事業会社内部の人材として扱う問題は、外部の専門家として扱う問題と比較して、より〝複雑〟である。

なぜなら、扱う問題の範囲が広くて曖昧であり、関与する時間が長く、その間に問題を取り巻く状況は変わり、さらには社員の心理面や〝しがらみ〟にも配慮しなければならないからである。

外部の専門家は、クライアントとの契約において定義した問題しか解決しないし、してはいけない。問題を取り巻く状況についても、ある一時点をとらえて把握した状況を現状として定義、固定してしまう。現状の定義が変われば、これまでの問題解決をご破算にしてまた一から考える。そして何より、プロジェクトが終了すれば会社から去っていくのだ。

仮にあなたが、外部の専門家のような立ち位置で、社内の問題を鮮やかに解決したとしよう。

だが、注意しなければならないのは、**その貢献をもって〝栄光への階段〟をまた一段、もしくは何段も上がれる場合**もあれば、あの人気を博したテレビドラマの主人公・半沢直樹のように、**左遷されてしまうこともある**のだ。

思い出してほしい。

会社は、**あなたに期待しているのである。あなたの発想で、社内の風通しを適度に良くしてほしい**、と。しかしながら、**逸脱してはマズいので、適度に**、だ。

あなたは自分のマーケティングができているか？

さて、ここまでの話しを受けて、あなたが「**どこでも成果が出せる人と出せない人、出世するのはどっちだ？**」と問われたら、どう返答するだろうか。

いずれにせよ、あなたのキャリア課題に対する解決の糸口を見付けなければならない。

「**一般論としても語られるゼネラリストとスペシャリストという、いずれの人材タイプに関する要件も、人事が経営の雑多な要請に応えるため、あくまで〝社内的に〟考えたものだ**」

しかしながら、じゃあ資格だ！　ということにはならないということだ。

では、どうすればよいか？

資格だエンプロイアビリティだという拙速な結論ではないけれども、人事システムという名のモンスターに対抗するアイデアとして、あなたにこう提言したい。

対抗するためのアイデア、それは**つねに、社外にも自分のキャリアイメージをもつ**ことである。

社外における自分のキャリアイメージとして、それが外部の専門家だというのであれば、そのための資格を取得することも大いに結構だ。

だが、資格を取っても仕事がない専門家もたくさんいるし、反対に資格などなくても活躍している人材もたくさんいる。

これは一般論であるが、ある仕事をこなすための知識やスキルセットが明快になればなるほど、またその仕事に人気が集まれば集まるほど、いずれその仕事の市場価値が落ちていくか、コンピューターに取って代わられる傾向がある。

それは、難関資格といえども例外ではない。今、税理士免許や歯科医師免許をもつ人材は飽和状態であるし、会計士の資格をもっていても就職できない、弁護士の資格をもっていても食えない人材がいるのだ。

では、ダブルライセンスを狙えばよいのだろうか。

それも一案だが、筆者がある日友人と飲み会をしている時に、その友人が何気なく口にした言葉にも耳を傾けていただきたい。

「結局、資格に頼りきって商売している人って、自分で自分のマーケティングができない人なんだよねー」

その友人は、ITの分野で非常に活躍しており、全国区で引っ張りだこな人物なので説得力があったし、筆者はこれまでそのようなモノの見方をしたことがなかったため、大変参考になった。

そうなのだ。あなたのキャリアイメージを描く際、資格を取るという選択に異論を唱えるものは誰もいない。だが、取得した資格を一つの武器として、**自らをマーケットにどう**

位置付け、どう売るか、そこまで考えなければイメージとしては不十分なのである。

反対に資格にこだわらなくとも活躍している人材は、マーケットの定義やマーケットにおける自らのポジションを明快にしているのだ。

そして、**自分のユニークな、市場価値の高いキャリアイメージをもつための材料は目の前にある**。

それは、**あなたの会社が、あなたに提示する仕事やキャリア**なのである。

だが、筆者はこうも言った。

「一般論としても語られるゼネラリストとスペシャリストという、いずれの人材タイプに関する要件も、人事が経営の雑多な要請に応えるため、あくまで〝社内的に〟考えたものだ」

あなたが勝ち残るためのサバイバルツールはじつは身近にある

あなたは疑問に思うかもしれない。

社内的に考えられたキャリアがどうしてマーケットで売れるんだ、と。

確かに、そのままではマーケットで売れないかもしれない。しかしながら、あなたが歩んできた社内キャリアを技術的に分析し、とらえ直し、いくつかのスキルセットを組み合わせ、不足を補強すれば、マーケットにおいてユニークな市場価値の高いキャリアとなる可能性は大きくなる。

だが、**可能性の大きさを決めるのもあなた次第**だ。

あなたが〝あなたのキャリア〟を自由自在に描きたいと考えるのであれば、はじめに自分自身に約束しなければならないことがある。

あなたは、**あなたとあなたのキャリアの可能性を決して過小評価してはならない**、ということだ。

その上で、あなたは、あなたのキャリアの背景にあるものを理解する必要がある。あなたは、これからひと〝世代〟をかけて電球を作るわけではない。

それは、日本というモノやサービスに溢れたマーケットにおいて、あなたのキャリアの恩恵を受けるクライアントがもつ３つの特徴である。

①消費嗜好の多様化……自分のどんな嗜好にもマーケットが応えてくれる
②消費体験の成熟化……お金を使ってさまざまな消費を体験してきている
③情報処理上の限界……モノやサービスの細かい違いを把握できずにいる

このような特徴に応えることが、あなたのキャリアを成功させる鍵となる。

したがって、あなたがキャリアを組み立てる際に取り入れるべき要素は、このようなものになる。

判断……意思決定をサポートすることはできないか。コンサルティング能力
選別……条件にかなう最良を選ぶことはできないか。カスタマイズ能力

教育…… 判断・選択基準を教えることはできないか。エデュケーション能力

これらは**社外に目を向けても、社内で勝ち残りを目指すにしても大変重要な要素**となるであろうし、逆にこれらの要素を全く無視してあなたのキャリアを描いては、おそらくその実現過程において、大いに苦戦することになるであろう。

そしてもう一つ。

日本というモノやサービスに溢れたマーケットにおいて、という背景も重要だ。

なぜなら、あなたのキャリアを支える強みというのは、他者との比較において、言ってみれば**〝微差〟もしくは〝紙一重〟**なのだ。だが、その**〝微差〟もしくは〝紙一重〟を積み重ねることで、他者が追随することのできない大差になる**。

この発想は、入学基準を司る神か悪魔に対して働きかける際の重要なPR材料にもなる。

何もダブルライセンスを狙う必要はない。あなたの**これまでのキャリアを棚卸して、ちょっとしたスキルセットの組み合わせ、例えばエリアと職種の組み合わせ、職種と職種の組み合わせなどに着目**してみよう。

そしてそれらの**組み合わせから生まれる〝微差〟を探し、伸ばす**のだ。

その過程で、あなたは社内外にあなたのキャリアにとって参考になる、もしくはメンターや師匠となるようなユニークな先達を見付けることになるであろうし、そのような出会い、微差の追求があなたのキャリア構想をますます具現化していくのだ。

会社は、あなたに期待しているのである。あなたの発想で、社内の風通しを適度に良くしてほしい、と。何度も同じことを言うが、逸脱してはマズいので、適度に、だ。

逸脱しない、適度な、微差の積み重ねは、それでもやがて大差となる。

この章の最後に、いくつかの単語をご紹介したい。あなたのキャリアを自由自在に描き、実現していく手助けになるかもしれないので。

計画された偶発性理論
パラレルキャリア
シンクロニシティ
セレンディピティ

【質問】

わたしは現在、パートナーと共働きで、出産を控えています。専業主婦では暮らしていけないので、産休が明けたら職場復帰したいと考えていますが、子育てにはパートナーの協力も絶対に必要です。ということは、それぞれが勤める会社の理解と協力も必要だと思うのですが、これから会社と社員の関係はどのように変化していくのでしょうか（30代女性）。

【回答】

このご質問には、日本企業が置かれている背景からも読み解く必要があります。

日本は、すでに少子高齢化社会を迎えていますので、その打開策の一つとして女性に出産、子育て、そしてさらには職業人としても活躍していただきたいと考えています。

その一方で、企業の国内市場はますます縮小、グローバルな競争はますます激化しています。ですから企業は、一部の大企業を除き、特に地方において人不足であり、かつ競争の激化から、これまでのように社員を抱え込むことができなくなっています。

こういった背景を踏まえて、わたしは企業がこれまでのように、社員を丸抱えする施策から、以下のような施策に転換するのではないかと考えています。実際、このような施策を講じている企業は確実に増えています。

《これからの人事施策》

・兼業奨励
・休暇奨励
・残業なし
・異動なし
・定年なし

わたしの知人にも、ウィークデイは東京都内で社長業を務め、ウィークエンドは宮城県で農家をしている方もいらっしゃいます。

また、人事異動の範囲を複数のプランから選べる企業や定年退職制度を廃止した企業もあります。

もちろん、すべての企業、人材がこのような人事施策、人事制度に変わるとは思いません。一部のグローバル企業、そして一部の幹部候補人材は、これまでと同様の働き方をするでしょう。

しかしながら、これまでは社員が自らのプライベートを犠牲にして会社に仕えるのが一般的でしたが、これからは会社と社員が基本的には互いに自律しつつ、会社の発展と個人の人生を長く支えあう関係に変わっていくのだと思います。

エピローグ

自分戦略を手に入れる

エピローグ　自分戦略を手に入れる

プライベートな質問をしたい。

あなたのキャリアを実現するために大切なものは何か？

ここで注意していただきたいのは、
「あなたの会社が、あなたに提示するキャリアを実現するために、大切なものは何か？」
ではない、ということだ。

筆者はこう考える。それは〝**時間**〟と〝**環境**〟と〝**つながり**〟である。

どんなキャリア目標を立てても、それを実現するためには時間がかかる。
例えばそれは人事制度が念頭に置くひと〝世代〟、約20年の時間である。

そして環境とは、国家としてのインフラの整った日本で働けるということもあるし、日々、仕事の完成に向けて切磋琢磨する職場内の人間関係もあれば、あなたの目指すキャリアをすでに実現している人との人間関係ということもある。

さらにつながりとは、あなたのキャリア目標の実現を支えてくれる、地域のコミュニティーや人脈のことである。

だが、あなたは会社内の集団凝集性にがんじがらめにされていて、自分の〝時間〟〝環境〟〝つながり〟という資産と向き合うことができずにこれまでやってきたかもしれない。

この機会に一度、**集団凝集性の外に出てみよう**。

そしてあなたは、あなたとあなたの会社との関係を、整理しておかなければならない。

あなたのキャリア　∨　あなたの会社があなたに提示するキャリア

あなたの会社の存続　∨　あなたのキャリア

あなたのキャリアは、ほぼあなたの人生である。

今後、営利、非営利を問わなければなおさら、あなたが何らかの仕事にたずさわる〝時間〟はますます増えるであろう。

だが、あなたの**会社があなたに提示するキャリアは、あなたの人生ではない**。その乖離は今後、ますます大きくなるはずだ。


そもそもあなたの会社が、その人事システムの運用下にある社員に提示するキャリアは、あなたや他の社員のキャリア（≒人生）を考えて設計されたものではないのだ。

働かないオジサンに高い給料を払い続けたかつての職能主義型人事制度ですら、高度成長に伴う人材不足の解消、人材の囲い込みという会社の要請に応えるべく設計されたものに過ぎない。


そう考えると、あなたの人生における目的や目標、そしてこれらを実現し、達成するための戦略など、あなたのキャリアと照らし合わせ、会社の提示するキャリアの魅力とリスクを冷静に比較分析しなければならない。

特にリスクについては、何の設計図ももたず、**会社の提示するキャリアを無自覚に、無防備に受け入れてしまったら、あなたの真のキャリアを目指す〝時間〟と〝環境〟と〝つながり〟を失う**のだ、ということを肝に銘じる必要があるだろう。

だが誤解しないでほしい。

会社の提示するキャリアを選択するか、しないかという二者択一を迫っているのではない。自分でデザインしたキャリアの設計図に沿って会社の提示するキャリアにアレンジを加える必要があると言っているのだ。

その上で、**社内を泳ぎ切り、生き残り、そして勝ち残るためのプランを**立てなければならない。

エピローグの終わりに僭越ではあるが、筆者のこれまでの道のりとこれからについて触れさせていただきたい。

筆者は、バブルがはじけて以降、就職氷河期に新卒で職を得た。

従業員数が数千人規模の会社の人事部であった。そこには保守的な等級制度とその運用のもと、**自分の上司は20年後の自らの姿**であった。

その当時、モノの本には日本的経営が終焉し、終身雇用制度や年功時列賃金は崩壊すると書かれており、大企業に苦労して入社したのはよいが、**早々に自らの20年後に不安を覚えた**ことを記憶している。

そして、より専門的な仕事がしたい、自律したい、いつかは起業したいと考えて外資系コンサルティング会社の門を叩いたのだ。

そこでまさしくアップ・オア・アウトの濃密な時間を過ごしながら、職業人としての基礎体力を付けていったのだと思う。

それからしばらく時が過ぎ、人事コンサルタントとして多くのプロジェクトに参画、確かなやりがいを感じつつも、やはり独立志向がどこかにあり、また**タイムチャージで報酬を得る働き方の限界も感じる**ようになった。

そんな時、たまたまセミナー講師として働く機会にも恵まれたのである。

ここまで書くと何やら順風満帆なキャリアに見えるかもしれないが、途中、さまざまなキャリアの断層もあり、危機もあった。

その一つは、セミナー講師として求められた講義内容が全くもって筆者の専門外だったことである。

筆者は、人事分野に関する仕事を生業にしてきたはずなのに、なぜか当時のボスからいわゆる経営数字（財務会計や管理会計など）分野の講師をするように仰せつかり、しかも**できなければクビ**という過酷な状況であった。著者は、はや中学生の頃から数字音痴を自認してきたし、そうであるがゆえにその後の進路に数字や数学の文字を一切絡めることとなく、ひらすら文系街道をまっすぐに歩んできたのだ。

そんな筆者が、なんと経営数字の講師なのである……。

それからの悪戦苦闘の日々は、別に出版を予定している著書でご紹介したい。

そして曲がりなりにもセミナー講師としての実績ができてくると、今度は**講師業の働き方にも限界を覚える**ようになり、頭の片隅で本を書いて暮らしたいと思うようになったのだ。

そして今がある。

振り返れば、自分は**頭の片隅に芽生えたキャリアイメージに向かって、こうして歩んできた**のだと感慨を覚える。その過程で多くの紆余曲折はあったにせよ、少なくとも満足してそう言い切れる今の自分がいる。そして、そのイメージは個人的でとてもユニークなものだし、それまでに培ったキャリアもすべてどこかで役に立ってきた。

では、筆者のキャリアイメージの先には何があったのか。自分でも、ほんの数年前に気付いたことなのだが、それはこんなことである。

日本全国、また世界のどこにいても働けるようになりたい。

そんな漠然としたイメージが、東日本大震災である具体性を帯びることになる。今後の人生戦略として、地方に拠点をもとうと考えたのだ。

具体的には、食べ物の生産地がよい。首都圏にいて、コンビニから食糧がなくなるリスクに直面したからだ。

そして、これは筆者が個人的に尊敬している岡本吏郎氏（経営コンサルタント）が語っていた**「アービトラージ」**という言葉を思い出したことも影響した。

アービトラージ（裁定取引）とは、同じ価値をもつサービスの価格差を利用する取引のことである。**地方の豊かさを享受しながら、首都圏などで仕事をしたい**ということだ。

そんな次第で、現在、弊社の本社オフィスは仙台にあり、仙台からこんなメッセージを発信している。

ここで、働きたい。
日本を広く使おう。
アジアに届けよう。

そうして弊社は日本全国、アジア地域で活動しているし、今後も活動していきたいと考えている。

筆者は、自分のキャリアを今後も自分らしく追求していくが、自分に特別な能力や才能があるとは全く思っていない。自分のコンサルティングも講義も、そして本書を通じてお伝えしている内容も特別なことはなく、すべては〝微差〟で構成されている。

だが、さまざまな人材のキャリアに接していて、その〝微差〟が大差になる瞬間を目の当たりにしてきたし、同じような瞬間が自分にも訪れることを信じているのである。
それは、ここまで本書を読んでくださったあなたも同じなのだ。

2015年春

著者

参考文献

＊「エン」人事のミカタ アンケート集計結果レポート 第7回 中途採用者の定着率について味方

※「月刊人事労務」（２０１２年３月号）『資格等級と階層ごとに求められる能力・知識』より

※厚生労働省（２０１４）『平成２５年「賃金構造基本統計調査」の結果』より

※日経プレミアシリーズ『出世する人は人事評価を気にしない』（平康慶浩著）

※「労政時報」（第３７７１号／10・4・9）『昇進・昇格実態調査２００９』より

※「月刊人事労務」（２０１２年８月号）『次世代リーダー育成の実態』より）

※『心理学が描くリスクの世界』（慶應義塾大学出版会　広田すみれ他著）

※「月刊人事労務」（２０１２年８月号）『次世代リーダー育成の実態』より）

※「月刊人事労務」（２０１２年３月号）『次世代リーダー育成の実態』より）

※『働くみんなのモティベーション論』（ＮＴＴ出版　金井 壽宏著）

※『明日を支配するもの　～２１世紀のマネジメント革命～』（ダイヤモンド社　ピーター・ドラッカー著）

著者紹介

新井健一（あらい・けんいち）
経営コンサルタント
株式会社アジア・ひと・しくみ研究所　代表取締役

1972年神奈川県生まれ。早稲田大学政治経済学部卒業後、大手重機械メーカー、外資系コンサルティング会社、同ビジネススクール責任者、医療・IT系ベンチャー企業役員を経て独立。大企業向けの人事コンサルティングから起業支援まで幅広い経験を活かしたコンサルティング・セミナーを全国で展開。

次世代を担うリーダーが、経営感覚“はじめの一歩”を養う「経営数字デザイン力勉強会」では、経営感覚を「業界固有の商習慣や数字をおさえる“商いの仕組み”（業界理解力）、“儲けの仕組み”（経営数字力）、及び“売れる仕組み”（戦略・マーケティング力）、そして“管理の仕組み”（マネジメント力）の融合領域において養うべきもの」として捉えている。専門分野の垣根を越えた学習アプローチには、「経営の現場で起こる複雑な問題に対処するための “基礎体力”が養われる」と多くのファンをもつ。

“日本を広く使おう”というコンセプトのもと東北・仙台に生活拠点を移した後、本格的な執筆活動に入り、本作が第一作目となる。

公式サイト　http://ahsi.jp/
公式フェイスブック　https://www.facebook.com/Asiahsi
ラジオ番組企画・制作　エフエムたいはく
「お仕事本舗 ハッピープロジェクト」　http://www.fm-t.net/
※ＨＰから無料で聴取することができます。

日系・外資系一流企業の元人事マンです。じつは入社時点であなたのキャリアパスはほぼ会社によって決められていますが、それでも幸せなビジネスライフの送り方を提案しましょう。

2015年4月27日　第1刷発行

著　者　新井健一
発行者　八谷智範
発行所　株式会社すばる舎リンケージ
〒170-0013
東京都豊島区東池袋3-9-7　東池袋織本ビル1階
TEL 03-6907-7827　FAX 03-6907-7877
http://www.subarusya-linkage.jp/

発売元　株式会社すばる舎
〒170-0013
東京都豊島区東池袋3-9-7　東池袋織本ビル
TEL 03-3981-8651（代表）03-3981-0767（営業部直通）
振替 00140-7-116563
http://www.subarusya.jp/

印　刷　ベクトル印刷株式会社

ISBN978-4-7991-0437-8